DORIS GERCKE

Schweigen oder Sterben

Bella Block auf Sizilien

Roman

| Hoffmann und Campe |

1. Auflage 2007

www.hoca.de
Satz: Pinkuin Satz und Datentechnik, Berlin
Gesetzt aus der Goudy Old Style
Druck und Bindung:
Druckerei C. H. Beck, Nördlingen
Printed in Germany
ISBN 978-3-455-40076-2

Ein Unternehmen der
GANSKE VERLAGSGRUPPE

»Da die Mafia in den Händen gleichsam einer ›Klasse‹ von örtlichen Geschäftsleuten lag, entfaltete sie einen überaus weitgehenden Einfluss, den sie nie erreicht hätte, wenn sie lediglich eine Angelegenheit von hartgesottenen Burschen gewesen wäre, deren Horizont nicht über die Gemeindemarkung hinausging.«

Eric J. Hobsbawm

Gianluca

Er fühlte sich nicht wohl, aber er wusste, dass es keinen Grund gab, sich unwohl zu fühlen. Vor zwei Stunden war er angekommen, war mit leichtem Gepäck die Treppen zum Bahnhofsgebäude emporgestiegen, hatte auf dem Vorplatz des Bahnhofs den Stadtplan studiert, die Straße gefunden, in die er gehen sollte, und wenig später auch das Hotel. Es war ihm gesagt worden, dass es sich um ein einfaches Hotel handeln würde, in der Altstadt von Agrigent. Er hatte also keine großen Erwartungen gehabt und war dann angenehm enttäuscht worden. Das Haus lag in der engen Altstadt, in einem alten, renovierten Gebäude. Es machte einen gepflegten Eindruck.

Ein Junge von etwa zwölf Jahren führte ihn zu seinem Zimmer im ersten Stock. Das Fenster ging auf die Rückseite einer Mietskaserne hinaus. Draußen kam die Dämmerung. Am Abend würde er zwanzig oder dreißig Frauen in den Küchen hantieren sehen können. Auf kleinen Balkonen standen Kästen mit Gemüse, hing Bettwäsche, lag Gerümpel. Von denen da drüben würde sich niemand für den einzelnen Mann interessieren, der gegenüber ein Zimmer bezogen hatte. Er ließ den Vorhang offen, stellte seine Zahnbürste auf die Ablage in der Dusche – die Dusche hatte kein Fenster, und der Entlüfter begann zu arbeiten, sobald er das Licht einschaltete –, prüfte kurz durch einen Druck mit den Händen die Matratze, fand sie in Ordnung und verließ das Zimmer.

Er war noch nie in Agrigent gewesen, und er verspürte überhaupt keine Lust, sich die Stadt anzusehen. Er war auf der Durchreise und so sollte es auch bleiben. Seine Reisen durch Sizilien, drei in den letzten drei Jahren, waren immer nach demselben Muster abgelaufen: Er kam in irgendeiner Stadt an, übernachtete und nahm am nächsten Tag den Zug in eine andere Stadt. Dort lieh er ein Auto, fuhr nach Corleone, traf ein paar Leute, denen er einen Umschlag übergab, eine Botschaft seines Vaters, von der er nicht wusste, was sie enthielt, wurde zum nächsten Bahnhof gebracht und dann begann sein Urlaub. Wahrscheinlich brachten die Freunde seines Vaters das geliehene Auto zurück. Ihm war gleichgültig, was damit geschah. Seine Reisen waren gut vorbereitet. Die Freunde seines Vaters – er nahm an, dass es sich um Freunde seines Vaters handelte – waren freundlich, auch wenn sie nicht viel sagten. Und er hatte genügend Geld, um auf die Inseln zu gehen, nach Syrakus oder Messina. Er blieb nie lange allein. Er sah gut aus, war großzügig, hatte Manieren und wollte sich ein paar Tage amüsieren.

Jetzt also Agrigent.

Der winzige Platz vor dem Hotel war mit Autos vollgeparkt.

Muss interessant sein, dabei zuzusehen, wie die dieses Durcheinander hier auflösen, dachte er.

Die hohe Seitenwand einer ockerfarbenen Kirche begrenzte den Platz nach Osten. Davor, in einer Nische, die nicht breiter als fünf Meter war, standen ein paar Tische und Stühle unter Gasglühlampen. Die Kneipe, die dazugehörte, konnte er von seinem Platz aus nicht sehen. Er ging ein paar Schritte, stellte fest, dass die Kneipe ein Weinladen war, und beschloss, unter einer der drei Glühlampen Platz zu nehmen.

Er saß dort etwa eine Stunde, trank Rotwein, aß Oliven und beobachtete die Menschen, die durch die enge Gasse kamen, beladen mit Einkaufstüten. Es war dunkel, die Lampen brannten, die Besitzer der kleinen Läden auf der anderen Seite des Platzes begannen, ihre Waren hereinzuholen. Ein paar Mal war der Junge, der ihm im Hotel sein Zimmer gezeigt hatte, um die Ecke gekommen und hatte nach ihm gesehen.

Besorgt um seinen einzigen Gast, dachte er belustigt.

Als der Junge ein weiteres Mal um die Ecke blickte, betrachtete er ihn genauer. Einmal schien es ihm, als machte er ihm verstohlen ein Zeichen, aber er dachte nicht weiter darüber nach und reagierte auch nicht.

Gegen zehn Uhr abends war es hier, neben der Kirche, leer. Er ging in den Weinladen, zahlte und wünschte eine gute Nacht. Erstaunt stellte er fest, dass es ihm Vergnügen machte, die Bedienung bei der Arbeit zu beobachten.

Kommt mir richtig vertraut vor, dachte er und lachte über sich selbst.

Der Junge saß nicht mehr an der winzigen Rezeption des Hotels. Es saß niemand dort. Nur der Fernsehapparat in der Ecke an der Wand lief. Er blieb einen Augenblick davor stehen, sah einem bunt gekleideten Mann zu, der wild gestikulierend einer verschüchterten Frau eine Million versprach, und stieg dann die Treppe zu seinem Zimmer hinauf.

Die Bettdecke war aufgeklappt worden. Auf dem schmalen Kopfkissen lag ein Zettel, nicht zu übersehen, groß wie die herausgerissene Seite eines Schulhefts. Er ging langsam darauf zu, so, als wollte er damit etwas hinauszögern. Er nahm das Blatt langsam auf und warf, bevor er es las, einen Blick auf die Rückwand des Wohnblocks. Erst jetzt wurde ihm bewusst, dass er kein Licht angemacht hatte. Die vielen erleuchteten Küchenfenster von gegenüber hatten ausgereicht, den Zettel auf dem Kopfkissen sichtbar zu machen. Um ihn zu lesen, reichte das Licht nicht. Er ging zum Fenster.

> Die Signorina lässt ausrichten, Sie sollen
> hier lieber nicht schlafen.
> Lieber nicht, sie lässt Sie sehr bitten.
> Das Zimmer ist bezahlt.
> Ich bekomme fünf Euro. Auf das Kissen.

Eine Weile blieb er reglos stehen und starrte auf das Papier in seiner Hand. Schließlich zerknüllte er es und steckte es in die Hosentasche. Er ging ins Bad, benutzte die Toilette, wusch sich die Hände, putzte sich die Zähne und verstaute die Zahnbürste wieder in seiner Reisetasche. Der Ventilator im Bad lief auch weiter, als er das Licht dort schon ausgemacht hatte. Er hasste das Geräusch. Es kam ihm vor, als würde er davon aus dem Zimmer vertrieben. Als er unten auf dem kleinen Platz vor dem Hotel stand, atmete er auf. An der Rezeption war niemand gewesen. Auch der Fernseher war inzwischen ausgeschaltet worden. Agrigent war nun still.

Und feindlich, dachte er.

Und lächelte über seinen Gedanken. Aber er ahnte, dass der Gedanke richtig gewesen war. Die Gasse, die auf den Platz vor dem Hotel mündete, durch die er zurückgehen musste, war dunkel. Das war ihm vorher nicht aufgefallen. Im Eingang zur Kirche standen zwei Männer, eher die Schatten zweier Männer, die schwiegen und rauchten. Auf dem Balkon über dem Gemüseladen, dessen Schaufenster auch dunkel war, stand eine Alte, schwarz gekleidet, und sah auf ihn herunter.

Du bist verrückt, dachte er. Was soll diese Alte dir tun?

Vor dem Bahnhof hielt ein einziges Taxi. Es stand dort, als hätte es auf ihn gewartet. Ein kleiner untersetzter Fahrer lehnte an der Kühlerhaube, die Wagentür neben ihm war geöffnet. Der Anblick des Mannes neben dem Auto versetzte ihn in Panik. Das Taxi könnte eine Falle sein, er ging schnell daran vorüber. Dann stellte er fest, dass es keinen Zug mehr gab, der ihn aus Agrigent wegbringen könnte. Ihm war nicht klar, was er tun sollte. Ein anderes Hotel suchen? Agrigent war feindlich, so viel meinte er, verstanden zu haben. Hatte er das nicht gespürt, als er angekommen war? Er erinnerte sich genau an eine leichte Übelkeit und an das Frösteln, das ihn beim Verlassen des Bahnhofs befallen hatte. Sollte er sich in eine Ecke drücken und am Morgen mit dem ersten Zug verschwinden? Kein einladender Gedanke. Die Stadt zu Fuß verlassen, zum Strand hinunterwandern? Vorbei an den beleuchteten Tempelruinen? Er konnte sie in der Ferne erkennen. Sie lagen mindestens fünf Kilometer entfernt, und von dort bis hinunter zum Strand müssten es bestimmt noch einmal fünf Kilometer sein. So gut hatte er die Landkarte im Kopf. Gianluca seufzte und setzte sich in Bewegung. Er sah sich nicht um, als er die Straße erreichte, von der er annahm, dass sie stadtauswärts führte. Die Straße war nicht dunkel. In großen Abständen warfen Laternen ihr Licht auf den Bürgersteig, und auch der Autoverkehr hatte noch nicht aufgehört. Aber je länger er auf der Ausfallstraße in Richtung Strand marschierte, desto weniger Fahrzeuge kamen vorbei. Irgendwann, da war er an den beleuchteten Ruinen der Tempel schon längst vorübergegangen, und es gab auch keine Straßenbeleuchtung mehr, hielt ein Auto neben ihm. Am Steuer saß eine Frau und auf dem Rücksitz ein Kind von etwa sechs Jahren. Einen Augenblick sah er im Licht eines entgegenkommenden Wagens das Gesicht der Frau. Sie schien alt zu sein, zu alt auf jeden Fall, um die Mutter des Kindes auf der Rückbank sein zu können. Das machte ihn misstrauisch. Aber als er ihre Stimme hörte – sie sprach ein holpriges Italienisch, eine Deutsche vermutlich – und sie sich nach dem Weg erkundigte, war er beruhigt.

Ja, sagte er, immer geradeaus, aber wenn Sie nichts dagegen haben, komme ich mit. Wir haben dasselbe Ziel.

Die Frau schien erleichtert. Unterwegs erzählte sie ihm, dass sie geglaubt habe, auf der falschen Straße zu sein. Sie sei mit dem Kind in der Stadt gewesen, um Schuhe zu kaufen und um der Mutter einen freien Nachmittag zu gönnen.

Während sie sprach, hüpfte das Kind auf dem Rücksitz auf und ab und fasste hin und wieder mit klebrigen Fingern in seine Haare. Dann schüttelte er den Kopf, und die Frau sagte: Lass das doch, Rodrigo.

Als die Lichter des Hotels, das die Frau gesucht hatte, vor ihnen auftauchten, überlegte er, ob er es wagen sollte, dort nach einem Zimmer zu fragen. Er hätte gern seinen Vater angerufen, um ihn um Rat zu fragen. Wer war diese Signorina, die sein Hotel bezahlt und ihn davor gewarnt hatte, dort zu schlafen? Er hätte sich gern beruhigen lassen. Er spürte das Handy in der Innentasche seiner Jacke wie eine Versuchung. Aber er rief seinen Vater nicht an. Er wartete, bis die Frau mit dem Kind im Hotel verschwunden war. Dann ging er ihnen nach, blieb vor den großen, bis zum Boden reichenden Fenstern stehen und sah auf den Betrieb im Innern.

Ein paar Leute saßen an niedrigen Tischen und hörten einem Mann zu, der in ein Mikrofon sprach. Ein paar Kinder liefen herum. Die Hotelhalle war weit und schäbig, schäbig auch die abgetretenen Läufer auf dem Fußboden und der verblichene Bezug der Sofas, die an den Wänden herumstanden. In seinem Rücken hörte er das Meer. Er wandte sich um, sah aber nur auf Bäume, über denen ein Mond stand. Auch der Mond erschien ihm schäbig. Er lächelte leise vor sich hin. Er konnte sich nicht vorstellen, dass ihn jemand hier suchen würde, zwischen schlampig gekleideten Familien, in der Nähe eines unsichtbaren Strandes, mit einem Mond am Himmel, der aussah, als habe er schon bessere Tage gesehen. Entschlossen betrat Gianluca das Hotel.

Annabella

Da saß sie, Annabella. Nein, sie saß nicht, sie thronte. Aber obwohl man das Wort »thronen« meist mit einer behäbigen, fülligen Matrone mit geschwollenen Beinen in zu engen Schuhen verband, war Annabella das genaue Gegenteil. Sie war nicht mehr jung, das war deutlich zu sehen, aber in ihrem Fall war das Gegenteil von jung eben nicht alt, sondern schön; eine dunkelhaarige, zeitlose Schönheit, ein wenig streng, aber diese Strenge, auch das war zu sehen, konnte sie ablegen, wenn sie ihren Platz verließ.

Annabellas Pult diente zugleich als Kassentisch, als Telefonzentrale, als Empfangshalle und als Aufsichtsplattform. Die Einrichtung, der sie vorstand, hieß *Da Capo* und war das gesuchteste, weil ausgezeichnetste italienische Restaurant der Stadt. Es gehörte Annabella und Mario. Und während Annabella mit unbeweglichem Körper, aber beweglichen Augen, an ihrem erhöhten Tisch an der Wand gegenüber dem Eingang thronte, bewegte sich Mario flink zwischen den dichtstehenden Tischen. Er war kleiner als Annabella, ein wenig rundlich, aber immer noch ansehnlich, mit seinen grauen Schläfen und den feinen Anzügen. Er plauderte mit den Gästen, erkundigte sich nach ihren Wünschen und ihren Kindern, verteilte Komplimente an die Damen, ehrliche Komplimente, soweit Komplimente überhaupt ehrlich sein können. Mario lobte niemals etwas, das auffällig war, aber einen schlechten Geschmack bekundete: eine aufgetürmte Frisur, eine zu sehr nach Geld funkelnde Halskette, den teuren, aber unkleidsamen Anzug einer gerade in großen Anzeigen sich selbst lobenden Firma.

Mario, klein, flink, rundlich, war Koch und ein Mann von

Welt. Annabella und er passten, trotz ihrer unterschiedlichen Größe, sehr gut zueinander. Sie waren sich dessen bewusst, ohne damit zu protzen. Und sie wussten, dass sie als Paar, neben der besonders guten Küche, einen Teil der Attraktion ausmachten, derentwegen man Tage vorher einen Platz im *Da Capo* bestellten musste, wenn man dort zu speisen wünschte.

Bella ging gern ins *Da Capo*, bekam aber auch ohne Reservierung einen Tisch. Das mochte damit zusammenhängen, dass sie das Restaurant nie vor dreiundzwanzig Uhr aufsuchte, dann also, wenn die meisten Gäste schon wieder gegangen waren. Aber es hatte sicher damit zu tun, dass sie mit Annabella, und ein wenig auch mit Mario, befreundet war. Sie hatte Annabella beim Joggen in den Wallanlagen kennengelernt. Annabella hatte auf Italienisch geflucht, und Bella hatte ganz spontan auf Italienisch geantwortet. Beide waren lachend und japsend stehen geblieben und hatten miteinander geredet. Erst auf dem Weg zurück in die Pension war Bella klar geworden, wie sehr sie es genossen hatte, wieder einmal die Sprache zu sprechen, mit der sie aufgewachsen war. Sie hatte gleich beschlossen, dass die kurze Begegnung mit Annabella Travani keine einmalige Begegnung bleiben sollte.

Das war nun mehr als ein Jahr her, und sie war sehr zufrieden mit der Beziehung, die sich seit dieser Zeit entwickelt hatte; so zufrieden, dass sie in den letzten Wochen häufiger im *Da Capo* gewesen war, als ihrer Figur guttat.

Außerdem, dachte sie, während sie Mario zulächelte, ist das *Da Capo* eine echte Alternative zu dem ruhigen Leben in der Pension und zu Wanda Rosenbaums Kochkünsten. Wandas Küche war exzellent, aber auf die Dauer wurde auch das erlesenste und gesündeste Essen langweilig. Und Marios gefüllte Sardinen, Sarde a beccafico, waren nicht nur eine Abwechslung, sie waren ein Wunder, gefüllt mit einer Paste, zu der Rosinen, Sardellen, Pinienkerne und Käse gehörten und noch irgendetwas anderes, das weder Mario noch sein Küchenchef je verraten würden.

Manchmal fragten eifrige Hausfrauen Mario nach den Rezepten seiner Speisen. Seine Antwort war immer gleich: Was wollen Sie, Signorina, dass Sie meine Sarde a beccafico zu Hause nachkochen lassen können? Glauben Sie mir, selbst wenn ich Ihnen das Rezept verriete, sie würden niemals so schmecken wie hier, in diesem wunderbaren Restaurant. Sicher, auch zu Hause haben Sie Bilder an den Wänden. Aber einen echten Guttuso?

Und dabei wies Mario auf das Bild eines nackten Jünglings am Strand, der – schlafend oder tot? – über den Rumpf eines hölzernen Bootes hingebreitet lag und dessen Schönheit das Herz rührte.

Renato Guttuso war Sizilianer gewesen, aus der Nähe von Palermo, ein berühmter Maler und Kommunist. Mario war ein reicher Mann, ein tüchtiger Unternehmer, der mit dem Kommunismus nichts im Sinn hatte.

Was soll mir Kommunismus? Säge ich an dem Ast, auf dem ich sitze?

Aber er war Sizilianer. Und der Maler Guttuso auch. Das zählte in den Augen und im Herzen von Mario sehr viel mehr als die ideologische Verwirrung, der sich der Maler nach Marios Meinung hingegeben hatte. Der Mann war ein Künstler. Diese Leute verstanden etwas von Kunst. Von Politik hatten sie keine Ahnung. Da war jede Art von Verwirrung möglich.

Die Dame, die sich gerade nach dem Rezept der gefüllten Sardinen erkundigt hatte, errötete bei Marios Antwort schuldbewusst, was man nicht sah, sondern nur ahnen konnte, denn das Licht im *Da Capo* war für die Gäste von Mario günstig, und hielt ihre Augen eine Weile unverwandt auf das Bild des schlafenden? oder toten? Jünglings gerichtet, das an der Wand hinter Annabella hing und auf eine ganz sonderbare Weise zu ihr passte. Mario und Annabella hatten keine Kinder miteinander.

Bella schätzte das *Da Capo* nicht nur wegen Annabella und Mario und wegen des ausgezeichneten Essens, das dort serviert wurde. Sie liebte es, die Gäste zu beobachten, die Dressurakte von Mario, mit denen er selbst den betuchtesten Gästen beibrachte, wie man sich in seinem Reich zu bewegen hatte, und sie liebte die Bilder an den Wänden, von denen einige so beleuchtet waren, dass sie wie dunkelglänzende, geheimnisvolle Szenen erschienen, bei deren Anblick man glaubte, in eine andere Welt einzutauchen. Auch der nackte Jüngling lag manchmal in diesem dunklen, besonderen Licht. Für die wechselnde Beleuchtung sorgte Annabella, das wusste Bella inzwischen. In welchem Rhythmus, nach welchen Gesichtspunkten einige Bilder hervorgehoben wurden und andere nicht, das war das Geheimnis ihrer Freundin. Tatsache war aber, dass es sich jedes Mal wieder lohnte, auf die neue Anordnung zu achten, die Annabella getroffen hatte, und darüber nachzudenken, ob ein geheimer Sinn darin verborgen wäre, ob sie sich eine Geschichte dazu ausdenken könnte.

Tatsache war nämlich auch, dass Bella sich langweilte und nach jedem Strohhalm zu greifen gelernt hatte, der sich ihr bot, um diese Langeweile zu unterbrechen. Ihr Leben kam ihr entsetzlich geregelt vor. Das Leben in der Pension *Stadtgarten* war ruhig und angenehm. In das Appartement, in dem der Barkeeper Franz gewohnt hatte – er war im vergangenen Jahr zu Unrecht verhaftet worden und hatte sich in seiner Zelle erhängt –, war eine junge Frau eingezogen, deren Koffer und Taschen allein ein Vermögen gekostet haben mussten. Wanda hatte den neuen Gast als »Model« vorgestellt, und tatsächlich hatte Bella das Gesicht der jungen Frau inzwischen ein paar Mal auf den Titelbildern von Hochglanzzeitschriften gesehen. Die Frau selbst war nur außerordentlich selten anwesend, und wenn sie tatsächlich einmal ein paar Tage in der Pension war, dann verschlief sie den ganzen langen Tag, erschien nur kurz am Abend, um einen Salat zu essen, und verschwand wieder; groß und dünn und blond und ein Schatten ihrer selbst. Im Haus war sie niemals geschminkt, und sie trug nur graue Trainingsanzüge aus Samt, die um sie herumschlackerten, als bewegte sie sich im Wind. Kara, den Nachnamen der Frau hatte Bella vergessen, war freundlich und müde und fast unsichtbar. Ob es sich, wenn sie sichtbar gewesen wäre, gelohnt hätte, mit ihr ein Gespräch anzufangen, hätte Bella nicht sagen können. Sie hatte bisher noch nicht herausgefunden, ob es irgendetwas gab, das die junge Frau interessierte und was sie im Gespräch hätte interessant machen können. Im Übrigen hatte Kara, trotz aller Freundlichkeit, eine Art, auf andere Menschen herabzusehen, die nichts damit zu tun hatte, dass sie größer war als die meisten Menschen, denen sie begegnete. Das gefiel Bella nicht. Sie hatte Kara im Verdacht, dass sie sich für sehr besonders hielt, aber, nach den Gründen gefragt, nicht hätte angeben können, weshalb.

Bellas Verhältnis zu den anderen Bewohnern der Pension hatte sich nach den Ereignissen um den Selbstmord des bedauernswerten Franz wieder ein wenig abgekühlt. Es war nicht unfreundlich, hatte sich aber auf ein angemessenes emotionales Mittelmaß eingeschmolzen, mit dem alle zufrieden waren.

Caroline Latt, die Dichterin, hatte vor ein paar Wochen einen Preis für ihr Gesamtwerk bekommen, und Wanda hatte ihr zu Ehren ein kleines Fest arrangiert. Zu diesem Fest hatte Bella zum ersten Mal ihren Freund Kranz mitgebracht in den *Stadtgarten*; zum Entzücken von Wanda Rosenbaum, die sofort den feinen Herrn in ihm zu erkennen geglaubt hatte; zur Belustigung von Caroline Latt, die, man sah es ihr an, am liebsten laut gesagt hätte: Wartet nur noch ein Weilchen. Irgendwann wird einer von euch das Zeitliche segnen, und dann wollen wir doch mal sehen, wie der andere sich hält. Major Kollmann, der Bella noch immer heimlich verehrte, hatte sich mannhaft und schnell beim Anblick von Kranz gefasst, ihn militärisch korrekt begrüßt und höflich in ein Gespräch über Rosenzucht verwickelt. Der Major züchtete die Rosen nicht selbst, sondern stand nur einem Freund zur Seite; demselben, mit dem er hin und wieder eine nächtliche Kneipentour unternahm. Vielleicht hatte er geglaubt, einem so offensichtlichen Zivilisten wie Kranz mit einem Gespräch über Rosen einen Gefallen zu tun. Kranz, der Rosen kaum von Sonnenblumen unterscheiden konnte, hatte mit dem Major eine gewisse Mühe gehabt. Kara, die während des Abends, begleitet von fünf Lederkoffern, zwei Lederbeuteln, einer Hutschachtel und einem Spezialkoffer für Schminkutensilien eingetroffen war und eine halbe Stunde lang an der Feier für die Dichterin teilnahm, bevor sie, lang und dünn und zart und zerbrechlich, gleichsam schattenhaft in ihrem Appartement verschwand, hatte sich über das Gespräch zwischen Kranz und Kollmann gegenüber Bella ein wenig lustig gemacht. Bella, die das Gespräch ebenfalls komisch fand, hatte beinahe Sympathie für Kara empfunden. Im Übrigen hatte das Fest beinahe zwei Stunden gedauert.

Dann erklärte die Dichterin, dass sie müde sei, und verschwand. Kollmann und Kranz waren zu Whisky und Schweigen übergegangen. Und Wanda Rosenbaum, die vielleicht ein kleines Gläschen Champagner zu viel auf das Wohl ihres berühmten Hausgastes getrunken hatte, versuchte, Bella davon zu überzeugen, dass sie unbedingt in Thailand Urlaub machen müsse.

Sie, meine Liebe, in einem bunten Seidenrock, barfuß an einem dieser herrlichen Strände – ein Bild für *Vanity Fair*.

Deutschland oder USA?, fragte Bella zurück.

Und Wanda sagte nach kurzem Nachdenken: Deutschland, meine Liebe, Deutschland, und sie sagte das so, als wäre es eine besondere Auszeichnung. Daraufhin beschloss Bella, das Fest ebenfalls zu verlassen. Kranz und sie hatten dann einen ausgedehnten Spaziergang durch die Stadt unternommen. Sie waren um die Binnenalster und um die Außenalster gegangen, hatten irgendwo in der Milchstraße einen oder zwei Wodka getrunken und dabei beschlossen, Wandas Feste in Zukunft zu meiden.

Du solltest dort ausziehen, sagte Kranz.

Aber Bella, die ahnte, dass er ihr, sollte sie ihm zustimmen, vorschlagen würde, eine gemeinsame Wohnung zu nehmen, hatte den freundlich gemeinten Rat einfach überhört. Das eigentliche Problem war nur, dass Kranz wahrscheinlich recht hatte damit, dass es ihr guttun würde, die Pension wieder zu verlassen. Wenn sie allerdings daran dachte, wie wunderbar einfach das Leben unter Wandas Fittichen war, fiel es ihr schwer, über eine andere Bleibe nachzudenken.

Vielleicht war ihr auch deshalb die Bekanntschaft mit Annabella so wichtig geworden? Wegen der Abwechslung, die damit verbunden war?

Sie sann darüber nach, während sie den Rosé trank, den Mario ihr gebracht hatte, ohne dass sie ihn hätte bestellen müssen. Hier, im *Da Capo*, war es jedenfalls sehr viel lebendiger als in der stillen Pension. Spät in der Nacht hatte Annabella oft Zeit, sich zu ihr zu setzen. Dann redeten sie, tratschten über die Gäste, ihre Gewohnheiten und ihre Art, sich zu geben: fein-dumm, sehr fein-dumm und nur dumm waren Kriterien, die sie gern anwandten, und dann lachten sie und kicherten, und Mario fragte, was los sei. Und wenn er erfuhr, worüber sich die beiden amüsierten, war er entrüstet. Er nahm seine Gäste ernst.

Bella sah auf die Uhr. Es war kurz nach eins. Im Restaurant saßen nur noch zwei Paare, die aber schon die Rechnung bestellt hatten. Drüben an der Bar war Luigi damit beschäftigt, einem einzelnen Gast dezent klarzumachen, dass er dringend Schlaf brauche. Mario war nicht zu sehen. Annabella saß an ihrem Pult und regte sich nicht. Wartete sie darauf, dass noch Gäste kämen? An einem gewöhnlichen Dienstag? Um diese Zeit?

Bella winkte ihr zu und empfing ein müdes Lächeln. Sie stand auf, ging hinüber und sah deutlich, dass das Gesicht ihrer Freundin ernst wurde, dass sie sich zurücklehnte, so als wollte sie mit der Frau, die auf sie zukam, nicht sprechen. Sie schüttelte auch den Kopf, als Bella vor ihr stand.

Wir sehen uns morgen, sagte sie. Geh nach Hause, ich bitte dich. Geh einfach.

Das war deutlich. Bella nickte und wandte sich um. In dem Moment wurde die Tür des Restaurants geöffnet, und eine junge Frau kam herein: Paola. Das *Da Capo* war eine Anlaufstelle, eine Art Heimatersatz, für Sizilianer, die in Hamburg lebten. Nicht für alle, selbstverständlich, sondern für solche, von denen Mario meinte, dass sie zum Stil des Restaurants passten. Auf den ersten Blick hielt man Paola nicht unbedingt für eine Sizilianerin: Sie war groß, hatte eine blasse, beinahe durchsichtig wirkende Haut, große, helle Augen und eine wilde, rotlockige Mähne. Aber wer genauer hinsah, entdeckte sehr bald, dass Paola nicht der Typ der klassischen rothaarigen Norddeutschen war. Es war etwas Wildes, Ungebändigtes in ihren Bewegungen. Sie sprach schnell und laut, schüttelte ihre Mähne, die an Regentagen vom Kopf abstand, als wäre sie auf Draht gezogen. Und ihre Augen waren nicht blau, sondern grün und sahen hart und direkt ihren Gesprächspartnern ins Gesicht.

Bella mochte Paola. Sie hatte sie im *Da Capo* kennengelernt als eine Freundin, eine Art Ziehkind von Mario und Annabella. Bella nahm an, dass die beiden geholfen hatten, Paolas Studium zu finanzieren.

Früher, hatte Annabella gesagt, hat sie dafür bei uns als Kellnerin gearbeitet. Und du kannst mir glauben, einige Gäste sind nicht nur wegen Marios Sarde a beccafico gekommen. Aber seit sie mit ihrer Doktorarbeit beschäftigt ist, hat sie keine Zeit mehr. Sie ist ziemlich ehrgeizig, musst du wissen.

Das glaubte Bella aufs Wort. Jetzt freute sie sich, Paola zu treffen, und auch die junge Frau freute sich offensichtlich.

An die Bar, meine Liebe, komm schon, sagte sie und zog Bella mit sich.

Wir müssen etwas trinken. Ich hab's geschafft.

Luigi, der es plötzlich mit seiner Abrechnung nicht mehr eilig hatte, öffnete, als habe er nur darauf gewartet, eine Flasche Champagner.

Wo ist Mario?

Paola sah sich um, sah Mario und winkte ihm zu.

Sie fiel ihm um den Hals, als er näher kam.

Paola hatte am Tag zuvor ihre letzte Prüfung abgelegt und glänzend bestanden. Sie war nun Doktorin der Wirtschaftswissenschaften, hatte, wie sie laut und stolz erklärte, nebenbei ein paar Semester Jura studiert und würde sich in den nächsten Tagen aufmachen, die Welt zu erobern.

Und uns wirst du vergessen, sagte Luigi.

Paola doch nicht.

Mario verteidigte sie, aber Bella meinte, einen leisen Zweifel in seiner Stimme zu hören. Sie sah sich um. Auch die letzten Gäste hatten das Restaurant verlassen. Wo war Annabella?

Lass sie, sagte Mario, der ihren Blick bemerkt hatte. Sicher ist sie schon schlafen gegangen.

Der ersten Flasche Champagner war eine zweite gefolgt. Auch noch eine dritte? Bella wusste es nicht genau, aber sie erinnerte sich daran, dass Luigi ein Taxi für sie bestellt hatte und bis vor die Tür mitgekommen war, um gemeinsam mit ihr darauf zu warten.

Die kleine Provenzano, hatte er ein paar Mal gesagt, die kleine Provenzano.

Wieso? Was ist mit ihr?, hatte Bella gefragt, aber Luigi hatte nicht geantwortet, sondern an der Hauswand gelehnt und in den Himmel gestarrt, an dem ein dünner, weißer Mond gestanden hatte. Dann war das Taxi gekommen. Der Fahrer war ein Freund von Mario, der sie bis an die Haustür brachte und kein Geld von ihr nahm.

Mein Freund Mario, hatte er gesagt und war einen Schritt zurückgetreten, während er abwehrend die Hände hob.

Jetzt am Morgen – besser: am Vormittag –, während sie damit beschäftigt war, richtig wach zu werden, kam Bella der Abend im *Da Capo* unwirklich vor. Nichts war so gewesen wie sonst. Der immer strahlende Mario hatte seine freundliche Miene am Ende nur mit Mühe aufrechterhalten. Paola, die sich an anderen Abenden eher still und gedrückt gab, »überarbeitet«, wie Luigi dann jedes Mal erklärte, war fröhlich und laut und spontan gewesen. Und Annabella hatte ein Problem, das war ganz sicher. Der klugen, beherrschten, ausgeglichenen Annabella war anzumerken gewesen, dass sie unglücklich war. Nicht einmal Paolas Erfolg hatte sie feiern wollen.

Und nun, nachdem der vergangene Abend anders gewesen war als üblich, schien es schon am Morgen so, als sollte auch der Tag Überraschungen bereithalten. Jedenfalls sprach beim Frühstück plötzlich die Dichterin.

Darf man sich Dichter nennen lassen, wenn man in seinem Leben nur einen einzigen bemerkenswerten Satz zu Papier gebracht hat?, fragte Caroline Latt laut und unvermittelt.

Sie stand mit dem Rücken zum Frühstücksbüfett, hielt einen Teller mit Obst in der Hand und sah abwechselnd auf Bella und den Major. Selbst das junge Mädchen, das damit beschäftigt war, den Kaffee einzuschenken, blieb stehen und wandte sich um. Bella fasste sich als Erste.

Kommt vielleicht auf den Satz an, sagte sie, aber grundsätzlich würde ich nein sagen.

Darf man wissen, um welchen Satz es sich handelt?, fragte der Major.

Seine Frage kam so schnell und präzise, dass Bella sicher war, er habe, wie sie selbst, ein Interesse daran, die Latt zum Reden zu bringen. Vielleicht hatten sie beide den Eindruck, dass etwas Belebung dem Frühstücksritual nur guttun könnte.

Früher begann der Tag mit einer Schusswunde, sagte die Latt.

O Gott, sagte der Major.

Nein, sagte Bella, das reicht nicht.

Caroline Latt lächelte zufrieden. Sie blieb noch einen Augenblick stehen, sah Bella und den Major an, sagte danke und verschwand, den Teller mit Obst vor sich her balancierend. Das Mädchen folgte ihr mit einem Tablett, auf dem Tee und Milch standen.

Was sollte das denn?, fragte der Major, während er ein Brötchen aufschnitt. Es krachte ein bisschen, und ein paar Krümel fielen in seinen Schoß.

Gibt es diesen Satz wirklich? Gedruckt, meine ich?

Ja, sagte Bella, er hat mal in der literarischen Szene der sechziger Jahre eine Rolle gespielt. Das ist lange her. Man könnte ihn heute, im Rückblick, beinahe als pubertär begreifen. Die Zeiten waren damals jedenfalls so.

Der Major sah Bella zweifelnd an. Er wusste, dass sie Polizistin gewesen war und sich später als Privatdetektivin betätigt hatte. Ihm war aber nicht klar, woher sie ihre Literaturkenntnisse hatte, und er war immer für Klarheit. Was nicht begründet war oder nicht begründet werden konnte, existierte nicht. Bella begann zu lachen.

Glauben Sie mir ruhig, sagte sie.

Finden Sie es nicht merkwürdig, dass Caroline über so etwas

nachdenkt? Beinahe hatte es doch den Anschein, als sei sie empört darüber, dass sich jemand Dichter nennen lässt, von dem sie nur einen einzigen Satz akzeptiert, sagte der Major.

Seiner Stimme war anzuhören, dass ihn die Antwort auf seine Frage nur mäßig interessierte, aber er liebte es nicht, schweigend zu frühstücken. Er wollte das Gespräch in Gang halten.

Mein lieber Kollmann, antwortete Bella. Was wissen wir schon über die Seele von Dichtern? Ist sie großzügig oder kleinkrämerisch? Ist sie eitel oder nicht? Träumt sie von Nachruhm? Hasst sie die Konkurrenz oder hält sie Konkurrenz für lächerlich? Achtet sie auf die Reinheit der Sprache oder auf ein gefülltes Bankkonto?

Was soll's, sagte der Major. Kleinliche Anwandlungen kann jeder haben, da sind Dichter nicht ausgenommen.

Man konnte hören, dass ihn das Thema nicht mehr interessierte. Eine Weile sprach niemand. Bella war noch immer damit beschäftigt, den vergangenen Abend an sich vorüberziehen zu lassen. Es schien ihr, als habe sie irgendetwas nicht beachtet, eine Kleinigkeit vielleicht, die aber wichtig sein könnte, um zu verstehen, was ihre Freunde bewegte.

Ich würde Sie einladen, sagte der Major neben ihr.

Einladen?

Sie haben mir nicht zugehört, meine Liebe.

Nein, das hatte sie nicht. Aber wozu auch immer der Major sie einzuladen beabsichtigte: Die Antwort lautete »Nein«.

Der Major war darüber nicht sonderlich erschüttert. Er war daran gewöhnt, freundlich abgewiesen zu werden. Wahrscheinlich wäre er eher erstaunt gewesen, wenn Bella seine Einladung angenommen hätte. Man wünschte sich, nach einigen belanglosen Sätzen über den grauen Himmel und das so genannte Hamburger Wetter, einen guten Tag.

Angeregt durch die Freundschaft mit Annabella und den Begegnungen im *Da Capo* hatte Bella damit begonnen, ihre Kenntnis der italienischen Sprache aufzufrischen. Eine halbe Stunde lang las sie Elio Vittorini, einen Sizilianer, den Annabella ihr empfohlen hatte, weil sie ihn »einfach« fand. Ein einfacher Sizilianer, so einfach wie wir alle, hatte sie gesagt. Für uns gibt es eigentlich wenig Schattierungen. Schwarz oder weiß ist eigentlich nur die Frage. Wahrscheinlich hat das mit der Sonne zu tun. Bei uns ist das Licht so hell, dass die Farben verschwinden.

Hat Guttuso gesagt, hatte Mario eingeworfen, der bei ihrem Gespräch dabei gewesen war. Du weißt, dass er Sizilianer war. Er sagte, er könne in seiner Heimat nicht malen. Er müsse sich die Farben merken und dann mit den Farben im Kopf die Insel verlassen. Bliebe er dort, würden die Farben beim Malen verschwinden.

Sonne, dachte Bella, als sie das Buch zur Seite legte.

Es hatte ihr keine Schwierigkeiten bereitet, Vittorini zu verstehen. Jetzt freute sie sich darauf, Annabella zu treffen. Sie hatten sich gestern noch verabredet, eine Stunde spazieren zu gehen. Vielleicht würde sich die Möglichkeit ergeben, über den vergangenen Abend zu sprechen. Außerdem hatte sie Annabella versprochen, ein wenig von sich selbst zu erzählen.

Wie kommt es, dass du unsere Sprache sprichst? Kann es sein, dass du Italienisch in Neapel gelernt hast? Manchmal klingt es fast so. Aber du erzählst ja so wenig. Von mir weißt du alles, was weiß ich dagegen über dein Leben? Nichts.

Im ersten Augenblick war Bella von den Vorwürfen ihrer Freundin überrascht.

Wieso?, sagte sie, du weißt, wo ich wohne, was ich gern esse, wie alt ich bin. Was könnte es sonst noch Interessantes geben? Ich hab' keine Kinder. Verheiratet war ich auch nie, jedenfalls erinnere ich mich nicht …

Bella, du verstehst mich nicht. Zum Beispiel: keine Kinder, gut, aber weshalb nicht? Zum Beispiel: Italienisch, aber wo hast du die Sprache gelernt, und weshalb bist du dort gewesen? Zum Beispiel: Liebhaber. Du hast doch nicht dein ganzes Leben mit einem einzigen Mann zugebracht. Oder: Weshalb schleppst du immer ein Buch in deiner Tasche herum? Und noch dazu von Russen? Und diesen Brecht! Ich kann mit dem nichts anfangen. Wir sind so verschieden. Und trotzdem mögen wir uns. Worin sind wir uns ähnlich? Was hast du als Kind …

Ist ja gut, hatte Bella gesagt. Ich versteh ja, was du meinst.

Annabella hatte einfach recht. Es gehörte nicht zu ihren Gewohnheiten, mit anderen über sich selbst zu reden. Aber sie war durchaus bereit, Ausnahmen zu machen, wenn ihr an dem Vertrauen von jemandem gelegen war.

Daran, dass Annabella ihre Verabredung nicht einhalten würde, hatte Bella nicht einen Augenblick gedacht. Sie saß in einem der portugiesischen Cafés in der Nähe des Hafens. Dort hatten sie sich schon oft getroffen und waren dann an der Elbe entlanggewandert. Annabella war in Messina geboren und aufgewachsen. Sie behauptete, ohne Wasser nicht leben zu können.

Als wir aus Sizilien kamen, wollte Mario nach Frankfurt, hatte sie erzählt. Aber dahin wäre ich nicht mitgegangen.

Bella beschloss zu warten. Durch die Schaufenster war deutlich zu sehen, dass es inzwischen begonnen hatte zu regnen. Sie war für einen Spaziergang im Regen nicht richtig angezogen. Sie würde sitzen bleiben, bis der Regen aufhörte. Jetzt, am Nachmittag, war das Lokal leer. Manchmal kam jemand herein, um ein Stück Kuchen zu kaufen oder schnell einen Espresso zu trinken. Der Mann, der bediente, schreckte dann von seiner Zeitung hoch. Er hatte eine bestimmte Technik entwickelt, hinter der Zeitung zu schlafen. Wahrscheinlich brauchte er den Schlaf dringend. Er war immer anwesend, tagsüber und auch abends. Bella hatte noch nie gesehen, dass er abgelöst worden war. An der Tür gab es eine Klingel, die lauter war als die üblichen Ladenklingeln. Und in der linken hinteren Ecke des Schankraums hing ein großer Bildschirm, auf dem Tag und Nacht Sportsendungen liefen. Bella saß vorn am Fenster, trank Kakao mit Rum und nahm den Kriminalroman von Leonardo Sciascia: »Man schläft bei offenen Türen« aus der Tasche. Dieser Roman war keine Empfehlung von Annabella. Sie hatte Sciascia schon gelesen, bevor sie Annabella kennenlernte.

Irgendwann ging die Türglocke. Sie sah auf, und da stand Annabella in der Tür, blass und verregnet und mit einem traurigen Gesicht.

Es geht ihr immer noch nicht gut, dachte Bella und rückte den Stuhl neben sich zurecht.

Was trinkst du?, fragte Annabella und bestellte bei dem leicht verstört aussehenden Wirt ebenfalls Kakao, aber ohne Rum. Tut mir leid, sagte sie, ich hab' verschlafen. Wollen wir warten, bis es aufgehört hat zu regnen? Ich würde am liebsten hier sitzen bleiben.

Du meinst, du würdest am liebsten nicht mehr nach Hause gehen?

Annabella schwieg und sah vor sich hin, bis der Wirt den Kakao vor sie hingestellt hatte.

Wie hast du das erraten?

Ihr Lächeln war gequält, und sie schloss die Hände um den Becher, als wollte sie sie wärmen.

War nicht so schwer, gestern Abend festzustellen, dass zwischen dir und Mario nicht alles so ist wie sonst.

Annabella atmete tief, trank, stellte den Becher ab und sah Bella an. Was ich dir erzählen werde, klingt verrückt. Und es fällt mir auch nicht leicht, glaub mir.

Du musst mir nichts erzählen, sagte Bella. Ich bin nicht neugierig. Ich interessiere mich für die Probleme anderer Leute eigentlich nur, wenn ich arbeite, das heißt also, wenn sie Geld bringen. Sie lächelte freundlich, und auch Annabella entspannte sich.

Dass Mario und ich keine Kinder haben, weißt du, sagte sie. Aber weißt du auch, dass Mario einen Sohn hat?

Als Bella den Kopf schüttelte, fuhr sie fort: Mario war schon einmal verheiratet. Ich hab' seine erste Frau nicht kennengelernt. Sie lebt auf Sizilien, schon ihr Leben lang, glaube ich. Aus dieser Ehe gibt es einen Sohn, Gianluca. Er ist ein guter Junge. Er ist Koch. Er hat in Palermo gelernt. Du weißt, dass Marios Familie aus Palermo kommt.

Dann ist die Frage, wer euren Laden einmal übernimmt, ja schon geregelt, sagte Bella. Wo liegt das Problem?

Gianluca war vor ein paar Wochen hier. Du hast ganz recht. Es ging darum, ob er Lust hat, bei uns anzufangen. Er spricht nicht gut deutsch, aber er ist gut in seinem Beruf. Mario hätte ihn gern bei sich gehabt.

Hätte ihn gern gehabt? Will der Junge nicht?

Es ist etwas passiert, sagte Annabella finster.

Lass mich raten, sagte Bella. Er hat sich euer Vertrauen erschlichen und ist mit der Kasse durchgebrannt.

Nein, schlimmer.

Schlimmer?

Bella schwieg. Mario würde dem Jungen wohl nicht gleich eine Vollmacht über sein Konto gegeben haben. Schlimmer? Was konnte schlimmer sein als Diebstahl? Als Betrug? Mord. Aber es war niemand ermordet worden. Ja, wenn nicht Mord, dann …

Liebe?, fragte sie.

Annabella nickte und schwieg. Bella wartete. Das Wort Liebe brachte es mit sich, dass ihr Interesse an Annabellas

Geschichte sofort deutlich geringer wurde. Zum Thema Liebe und den Verwicklungen, die sich gewöhnlich daraus ergeben, hatte sie ihre eigene Meinung. Für sie war aufrichtige Freundschaft oder tiefe Zuneigung bei absoluter Freiheit für die Beteiligten das Wichtigste. Zugegeben eine etwas umständliche Umschreibung dessen, was zur »Liebe« gehörte. Trotzdem: Eine nüchterne Betrachtung des Begriffs würde eine Menge Probleme lösen. Sex? Ja, auch, natürlich. Aber was konnte in Annabellas Fall problematisch sein? Hatte sich dieser junge Sizilianer, wie hieß er gleich? Gianluca, richtig, hatte der sich in eine Sizilianerin verliebt und nun keine Lust mehr, nach Hamburg zu kommen? Unwahrscheinlich. Die Frauen gingen doch nur zu gern mit, wenn sie verliebt waren. Oder hatte Gianluca sich entschlossen, in Palermo zu bleiben?

Was sollte daran schlimm sein? Mario machte nicht den Eindruck, als wäre er wild darauf, sein Restaurant möglichst bald in andere, jüngere Hände zu geben.

Er hat sich in mich verliebt.

Annabellas Stimme klang fest und gewollt gleichgültig.

Na und? Du bist eine attraktive Frau. Kein Grund, so ein trauriges Gesicht zu machen, würde ich denken.

Annabella wandte sich um und bestellte zwei Grappa. Der Mann an der Theke schüttelte den Kopf.

Irgendeinen Schnaps werden Sie doch haben, sagte Annabella ungehalten. Sie schwieg, bis der Mann zwei Gläser mit einer undefinierbaren Flüssigkeit auf den Tisch gestellt hatte. Betont langsam räumte er die leeren Kakaobecher ab.

Er ist ein bezaubernder Junge, sagte Annabella, aber ein Junge, verstehst du. Ich mag ihn gern, aber die Idee, mich mit ihm einzulassen, kommt mir absurd vor. Nein, sie ist absurd. Ich hab' noch nie etwas für jüngere Männer übriggehabt. Und dieser ist ein Kind, ein schönes, aber ein Kind. Ich hab' ihm also gesagt, wie ich über die Angelegenheit denke. Er wollte mir nicht glauben. Ein paar Tage lang war es ziemlich anstrengend, ihm aus dem Weg zu gehen. Er hat mich überallhin begleitet. Mein Gott, ich wusste nicht mehr, was ich tun sollte. Luigi war schon aufmerksam geworden.

Na ja, sagte Bella. Und was hast du getan?

Das ist das Problem. Ich hab' Mario gesagt, dass sein Sohn … sein Sohn habe … Gianluca sei zudringlich geworden.

Du lieber Himmel, war das nötig? Was genau hast du überhaupt gesagt?

Ich weiß, es war falsch. Aber ich wollte nicht, dass der Junge sich irgendwelche Hoffnungen macht. Er war so verliebt, er nahm seinen Vater überhaupt nicht ernst. Es war einfach nötig, ihm zu zeigen, wie die Dinge in Wirklichkeit liegen.

Du hast Mario tatsächlich gesagt, der Junge sei zudringlich geworden?

Wirklich. Mir fiel nichts anderes ein. Was hätte ich denn sonst tun sollen?

Bella konnte sich sehr gut vorstellen, wie Marios Reaktion gewesen war, und sie war deshalb vollkommen überrascht, als Annabella Marios Verhalten beschrieb.

Er war ganz ruhig, sagte sie. Zuerst hat er gar nichts gesagt. Nur ein paar Mal nachgefragt. Er wollte ganz genau wissen, was geschehen war. Dann hat er mich in den Arm genommen und getröstet. Er würde mit Gianluca reden. Der würde mich nicht mehr belästigen. Er würde ihn zurückschicken.

Na, dann ist die Geschichte ja noch einmal gut ausgegangen.

Annabella schwieg.

Oder etwa nicht? Du kannst doch froh sein, dass Mario sich so vernünftig verhalten hat.

Hat er eben nicht, sagte Annabella. Er hat Gianluca nach Sizilien geschickt, um ihn dort töten zu lassen.

Annabella hatte sehr leise gesprochen. Dann schwieg sie,

und auch Bella blieb still. Konnte wirklich wahr sein, was Annabella behauptete? Unmöglich. Bella holte tief Luft: Du bist verrückt. Mario? Weißt du überhaupt, was du da sagst?

Wieder schwieg Annabella. Der Regen hatte aufgehört, aber die Straße glänzte nass-grau. Vor der Apotheke auf der gegenüberliegenden Straßenseite standen zwei heruntergekommen aussehende Männer und stritten. Eine Frau kam dazu, mit nassen Haaren und nassen Turnschuhen. Sie zog einen der Männer am Ärmel seiner Jacke. Vielleicht wollte sie den Streit beenden. Der Mann reagierte nicht.

Gleich schlägt er sie, dachte Bella. Soll sie die Kerle doch in Ruhe lassen.

Der Mann schlug plötzlich zu. Bella stand auf, um hinüberzugehen, aber die Frau drehte sich um und lief weg. Sie rannte in einen nahe gelegenen Hauseingang. Die Männer setzten ihren Streit oder ihr Gespräch fort, aber sie entfernten sich nun, nebeneinander gehend, und es sah aus, als diskutierten sie ein interessantes Problem. Bella setzte sich wieder.

Ich muss dir etwas erklären, sagte Annabella.

Sie hatte die Szene drüben auf der Straße gar nicht bemerkt, weil sie damit beschäftigt gewesen war, den Bierdeckel, der vor ihr auf dem Tisch lag, in kleinste Teilchen zu zerkrümeln. Bella sah auf die Uhr.

Lass uns noch ein Stück gehen. Es regnet nicht mehr.

Nein, sagte Annabella. Hör zu: Es gibt Dinge, über die reden wir nicht.

Wir?

Italiener, Sizilianer, wie du willst. Das lässt sich nun mal nicht mehr ändern. Du musst mir einfach glauben. Wenn ich dir sage, dass Mario durchaus die Möglichkeit hat, den Jungen umbringen zu lassen, musst du mir einfach glauben. Er hat Gianluca nach Corleone geschickt.

Du willst behaupten, dass er …

Jetzt hast du verstanden.

Ja, das hatte sie. Natürlich wusste sie, dass die Mafia, auf Sizilien Cosa Nostra, noch immer existierte. Auch wenn deren Glanzzeiten vorbei zu sein schienen.

Glanzzeiten, vielleicht nicht gerade das geeignete Wort für etwas, das die Sizilianer damals, in den achtziger Jahren, als »Mattanza« bezeichnet hatten. Mattanza nennt man das Fangen und Abschlachten von Thunfischen. Die Tiere werden in eine Bucht getrieben und von den Fischern mit Knüppeln und Äxten totgeschlagen. Ein Massaker, nichts für die Seelen zartbesaiteter Touristen, denen übel wird, wenn das Wasser sich rot färbt und blutiger Schaum die Oberfläche bedeckt. Zu Anfang der achtziger Jahre hatte es beim Kampf um die Vorherrschaft zwischen der Cosa Nostra aus Corleone und der aus Palermo so viele Tote gegeben, dass das Wort von der Mattanza gebräuchlich wurde. Der Richter Falcone, später selbst ein Opfer der Cosa Nostra, sprach von einer Geisterarmee der Corleoneser. Die rekrutierten die Mörder für ihre Massenhinrichtungen aus den umliegenden Dörfern. Die Mörder bekamen ein Handgeld, tauchten auf, ohne dass jemand sie sah, erledigten ihren Mordauftrag und verschwanden wieder. Zurück blieben die Leichen der Opfer, es waren Hunderte. Es gab Familien, die irgendwann fünfunddreißig Tote zu beklagen hatten.

Aber diese Zeiten waren vorüber. Schon längst waren die Verbrecher aus Corleone hinter Gittern. Sizilien hatte sich verändert. Und Mario lebte seit vielen Jahren in Hamburg. Niemals, so oft sie auch im *Da Capo* gewesen war und den Betrieb dort beobachtet hatte, war ihr auch nur im entferntesten der Gedanke gekommen, dass es eine Verbindung geben könnte zwischen Mario und irgendwelchen Dunkelmännern aus der Gegend von Palermo oder Corleone.

Du weißt, was ich meine, sagte Annabella leise.

Bella entschloss sich, nicht zu antworten. Wenn Annabella reden wollte, so würde sie es auch ohne Aufforderung tun. Wie absurd, das alles! Wie schnell sich eine Welt verändern kann, von der man glaubt, sie zu kennen. Mario mit Kontakten zur Cosa Nostra, der, von Eifersucht getrieben, Mörder auf seinen Sohn hetzt, und Annabella, die schöne Annabella, als tugendhafte Stiefmutter, die sich nicht anders zu helfen weiß, als ihrem Mann die unerlaubte Leidenschaft seines Sohnes zu offenbaren! So schnell war sie nicht bereit, diese merkwürdige Geschichte hinzunehmen. Ein Glück, dass sie das alles in Wirklichkeit nichts anging.

Du musst ihm helfen, sagte Annabella.

Sie sprach noch immer leise, was lächerlich war. Wer sollte ihnen zuhören? Der Wirt, der hinter seiner Zeitung wieder eingeschlafen war?

Mario? Wie, denkst du, sollte er sich von mir helfen lassen? Ich kann versuchen, ihn zu beruhigen. Ich kann ihm in deinem Namen ewige Treue schwören. Aber meinst du, das reicht?

Gianluca, antwortete Annabella. Ich kann in Erfahrung bringen, wohin Mario ihn geschickt hat. Jedenfalls kann ich versuchen, herauszufinden, wo er sich aufhält; in welchen Geschäften er unterwegs ist. Fahr ihm nach, bitte, Bella. Sag ihm, er soll seine Reise abbrechen. Sag ihm, er soll verschwinden, so weit weg wie möglich. Nach England, nach Irland, auf keinen Fall in die USA. Ich gebe dir Geld mit. Er braucht Geld, denn sein Vater wird zu verhindern wissen, dass jemand ihm Geld leiht. Gianluca fühlt sich sicher. Man wird dafür sorgen, dass er sich in Sicherheit wiegt. Und irgendwann, ich weiß es, wird man ihn umbringen.

War das möglich? Könnte Annabella recht haben? Würde Mario, der freundliche Mario, dem nichts mehr am Herzen lag als das Wohl seiner Gäste, so weit gehen?

Annabella, du phantasierst. Du hast doch mit Mario gesprochen. Hat er irgendetwas durchblicken lassen? Ich meine, hat er irgendeine Andeutung gemacht? Was genau hat er gesagt? Ich denke, er schätzt seinen Sohn. Man lässt jemanden nicht einfach aus Eifersucht umbringen. Was sollen denn das für Kontakte sein? Wie lange seid ihr schon hier? Hat es jemals Besuch aus Sizilien gegeben? Ich denke, ihr wart seit Jahren nicht mehr dort unten. Die Verhältnisse haben sich geändert. Seit Falcone und Borsellino ermordet wurden, ist Sizilien gegen die Mafia aufgestanden. Das stimmt doch. Das hast du selbst erzählt. Ich kann einfach nicht glauben, dass ein vernünftiger Mensch wie Mario auf so eine absurde Idee kommt.

Ich habe Angst, sagte Annabella.

Sie saß da, in sich zusammengesunken, ein Bild des Jammers. Von der schönen, selbstbewussten Annabella war nicht einmal mehr ein Rest übrig geblieben. Bella stand auf und ging in die Ecke, in der der Wirt hinter seiner Zeitung schlief. Er schlief wirklich. Sie räusperte sich, er schreckte auf, und sie bestellte zwei Cognac. Als sie an den Tisch zurückkam, schien es, als habe Annabella sich gefasst. Sie schwiegen, bis der Cognac vor ihnen stand. Annabella trank in vorsichtigen Schlucken.

Ich würde dich nicht bitten, wenn ich keinen Grund hätte, sagte sie endlich.

Und was, stellst du dir vor, soll ich tun?

Zum ersten Mal lächelte Annabella, erleichtert, wie es schien.

Du musst gar nichts tun, nur hinfahren, versuchen, Gianluca zu finden und ihm Geld geben. Mach ihm klar, dass er verschwinden soll, so schnell wie möglich. Wann kannst du fahren?

Bella fühlte sich überrumpelt. Sie hatte nicht zugesagt. Aber weshalb eigentlich nicht? Weil sie Annabellas Geschichte für verrückt hielt. Aber wenn sie nicht verrückt war? Dann war Mario dabei, eine große Dummheit zu begehen. Glaubte er wirklich, er könnte den Auftrag zu einem Mord geben und dabei unentdeckt bleiben? Die Verhältnisse in Sizilien hatten sich tatsächlich geändert. Wahrscheinlich würde es nicht lange dauern, bis die Carabinieri eine Verbindung zwischen ihm und seinem Sohn hergestellt hätten. Gianluca war in Hamburg gewesen. Mit welchen Aufträgen war er nach Sizilien zurückgekehrt? Was war zwischen ihm und seinem Vater vorgefallen?

Und was für ein Interesse solltest du, Bella Block, daran haben, dich in Familienangelegenheiten einzumischen? Bist du mit Annabella so eng befreundet, dass du ihr helfen musst? Oder mit Mario? Ein freundlicher Mensch, aber ein Freund? Also: Du sagst Annabella, dass du ihr nicht behilflich sein kannst. Du wirst sie enttäuschen. Sie wird sich weiter Sorgen um Mario machen, wird Angst haben, dass er in eine Mordgeschichte verwickelt wird. Und Angst um diesen Leichtfinken Gianluca, schuldig-unschuldig, vielleicht in Lebensgefahr. Das geht dich nichts an. Du wirst nach Hause gehen, in deine Luxusunterkunft. Du wirst dir, geduldig wie du nun einmal bist, die Räsonierererei des Tölpels Kollmann anhören. Du wirst das böse Lächeln der Dichterin genießen und die dezenten Kaschmir-Twinsets von Wanda Rosenbaum. Hin und wieder wird durch eure Idylle ein bleiches Mädchen von hundertfünfundachtzig Zentimetern Körperlänge schlendern, das aus Hüftknochen und teuren Gepäckstücken zu bestehen scheint; ein Lichtblick, trotz der offensichtlichen Unterernährung, mit der es zu kämpfen hat. Was tust du unter all diesen Gespenstern? Wo du doch zu gern verreist. Wo du doch schon lange nicht mehr Italienisch gesprochen hast. Deine Muttersprache, sozusagen. Hat der Mensch nicht ein Recht auf seine Muttersprache? Noch dazu, wenn eine Reise in das Land deiner Sehnsucht mit ein klein bisschen Abenteuer verbunden ist? Und nicht einmal selbst bezahlt werden muss?

Bella fand sich gemein. Da saß die arme Annabella, voller

Angst um ihren Mann, und sie überlegte, ob sie ihr einen Gefallen tun sollte, und ihre Gründe hatten nichts mit deren Ängsten zu tun. Na und? Man könnte sozusagen zwei Fliegen … Sie griff nach Annabellas Händen.

Sei nicht mehr traurig, meine Liebe. Es ist zwar verrückt, was du von mir verlangst, aber ich tu's. Dir zuliebe.

Du fährst?, sagte Annabella. Ich kann dir nicht sagen, wie froh ich darüber bin. Ich spreche mit Mario. Nicht über dich. Ich finde heraus, wohin er Gianluca geschickt hat. Heute noch.

Eine Bedingung, antwortete Bella und war über sich selbst erstaunt. Ich fliege bis Neapel. Von dort fahre ich per Bahn oder per Schiff weiter.

Ich weiß nicht, aber gut. Vielleicht musst du von Neapel mit dem Flugzeug auf die Insel –

Du hast gesagt, Gianluca soll sich sicher fühlen. Also wird man ihm Zeit lassen. Ich werd' ihn schon finden. Sag mir nur, wo ich ihn auf der Insel suchen soll.

Morgen, sagte Annabella.

Sie stand auf. Auch Bella erhob sich. Der Wirt hatte seinen Platz hinter der Zeitung verlassen. Er stand an die Theke gelehnt und sah einem Fußballspiel zu.

Sie hatten das Lokal getrennt verlassen. Annabella, die erregte, aber auch erleichterte Annabella, war als Erste gegangen. Als Bella auf die Straße trat, hatte es wieder zu regnen begonnen.

Du bist verrückt, Bella Block, dachte sie, während sie die Treppe hinaufstieg, die zu der Kirche führte, die die Hamburger liebevoll »Michel« nennen. Auf der Wiese zwischen »Michel« und Hafen tobten ein paar nasse Hunde herum. Vor der Kirche hielt ein Touristenbus. Er war leer. Der Buchladen gegenüber hatte alte Ausgaben der Gedichtbände von Günther Eich ins

Fenster gestellt. Sie hatte die meisten davon in ihrer Bibliothek gehabt, bevor sie verbrannt war. Es gab keinen Grund, die Bücher ein zweites Mal zu kaufen. Sie hatte den Dichter geschätzt. Aber er gehörte einer anderen Zeit an.

Die Spitzenschleier, spanische Mantillen,
die Garotte, Maschinengewehre, Prozesse,
Hausverwalter, eins greift ins andere, praktisch und
voll Harmonie, der Hunger und die Preise,
die Menschenfrage, geschrien, geflüstert, ungedacht,
aber das Blut war immer noch rot.

Unsinn. Mattanza. Unsinn. Was für eine verrückte Idee, nach Neapel zu fliegen. Sie war acht Jahre alt gewesen, als sie, zusammen mit ihrer Mutter Olga, die Stadt verlassen hatte. Sie hatte sehr genaue Erinnerungen daran, wo und wie sie gelebt hatten. Auch an die lange Reise erinnerte sie sich gut; dass es kälter wurde, je weiter sie nach Norden kamen. Dass sie am liebsten umgekehrt wäre. Wie unerbittlich Olga gewesen war.

Willst du wirklich zurück, mein Kind?, hatte sie gefragt.

Und die Tochter gezwungen, über das Leben nachzudenken, das die Mutter hinter sich lassen wollte. Das war klug und zugleich hinterhältig gewesen, denn je länger sie darüber nachgedacht hatte, desto sicherer war sie geworden, dass Olga recht hatte. Die Mutter war nach einer abenteuerlichen Flucht aus Spanien, wo sie auf der Seite der Republikaner am Bürgerkrieg teilgenommen hatte, nach Neapel gelangt. Italienische Partisanen, die ebenfalls auf der Flucht vor den Franco-Truppen gewesen waren, hatten die schwangere Olga mitgenommen. In Neapel war sie in einer Unterkunft gelandet, die man, nüchtern betrachtet, nur als Bordell bezeichnen konnte. Dort hatte sie ihre Tochter Bella geboren. Das Leben in Neapel war schwer. Es gab wenig zu essen, gefährliche Krankheiten, keine medizinische Versorgung und missgünstige Nachbarn. Das Elend machte die Leute nicht freundlich.

Ihre Mutter konnte nicht zurück in die enge Straße, in die Wohnung, die keine Wohnung war, sondern der abgetrennte Teil einer Behausung, in der außer Olga und ihrer Tochter noch andere Frauen mit ihren Kindern lebten. Zurück zu den Kindern, die tagsüber auf der Straße spielten, während die Mütter Besuch hatten von Männern, Soldaten, die Dosen mit Corned Beef daließen und große Tafeln Schokolade und Kaffeepäckchen und Zigaretten. Die hatte sie bekommen, um sie gegen Fett und Bohnen einzutauschen. Olga rauchte nicht. Olga wusch sich ständig, obwohl in dem Loch, in dem sie wohnten, gar kein fließendes Wasser war. Das Bild ihrer nackten, dünnen Mutter vor dem Eisengestell mit der Emailleschüssel darauf, sah sie heute noch, wenn sie die Augen schloss.

Das war nicht unser richtiges Leben, mein Kind, hatte Olga unterwegs ein paar Mal zu ihr gesagt, als sie bemerkte, wie unglücklich ihre kleine Tochter darüber war, ihre Freundinnen verlassen zu müssen. Und wie hatte dann das richtige Leben ausgesehen?

Herrgott noch mal, wozu musste sie über Dinge nachdenken, die längst vergessen waren! Nur ein Mal war sie in ihrem späteren Leben in Neapel gewesen. Damals war sie nicht dazu gekommen, in das Viertel zu gehen, in dem Olga und sie gelebt hatten. Sie hatte überhaupt kein Bedürfnis danach verspürt, als sie das elende Leben der Kinder und Frauen beobachtete, die auf dem Bahnhofsvorplatz bettelten, Zigaretten verkauften oder nur dösend in den Ecken lagen, schmutzig und abgestumpft. Sie war geflüchtet mit dem erstbesten Zug, so schnell sie konnte. Damals war ihr das Leben dieser Menschen zu nahe gewesen, als dass sie sich damit hätte auseinandersetzen können. Und heute?

Du bist erwachsen, Bella. Du bist, na, sagen wir mal, nicht

mehr ganz jung. Du hast inzwischen eine Menge Erfahrungen gesammelt. Du weißt, wie es auf der Welt zugeht. Elend in Neapel kannst du heute sicher besser ertragen als damals. Davor musst du nicht mehr weglaufen.

Drei Tage später saß Bella im Flugzeug nach Neapel, eingequetscht zwischen einer außerordentlich umfangreichen Italienerin mit blonden Haaren, einem golden glänzenden Pullover und einer goldfarbenen Handtasche auf dem Schoß und einem schlafenden Mann, der sich auch durch freundliches Zureden der Stewardess nicht wecken ließ. Ein leichter Geruch von Alkohol ging von ihm aus. Bella hatte die Wahl zwischen dem Parfüm der Blondine – vielleicht die Marke Golden Retriever? – und dem Geruch nach Schnaps. Beides war unerträglich, sodass sie sich entschloss, hauptsächlich geradeaus zu sehen und nur gelegentlich nach rechts oder links. Sie verbot sich, darüber nachzudenken, ob das Unternehmen, zu dem sie sich entschlossen hatte, sinnvoll war oder nicht. Es würde von ihr selbst abhängen, wie sie ihren Aufenthalt im Süden gestaltete. Und von der Route, die Gianluca im Auftrag seines Vaters benutzen würde. Neapel kam darin nicht vor, aber sie würde sich trotzdem einen Tag lang dort aufhalten.

In Neapel, auf dem Platz vor dem Flughaften, setzte sie sich in einem Café in die Sonne, bestellte Weißwein und beobachtete ihre Umgebung. Langsam, ganz langsam fiel der Norden von ihr ab, und sie versuchte, das Leben im Süden wahrzunehmen. Das Erste, was sie deutlich bemerkte, war allerdings der Gestank von Autoabgasen. Schade, eigentlich hätte sie gern länger hier gesessen, entspannt, losgelöst von allem, nicht verantwortlich für irgendetwas, irgendeinen Auftrag, irgendeinen Erfolg, über den sie Rechenschaft abzulegen hätte. Auf diesen völlig freien Tag in Neapel hatte sie sich gefreut. Aber sie musste ihn nicht hier verbringen. Sie winkte dem Kellner – und behielt ihre Hand vor Überraschung eine Weile länger in der Luft als nötig. Die Frau, die gerade durch eine der Türen des Flughafengebäudes trat und sich suchend umsah, war Paola. Sie war eine so auffallende Erscheinung, dass sich sofort ein paar Männer auf sie stürzten, Kofferträger, obwohl sie gar keinen Koffer bei sich hatte, um ihre Dienste anzubieten. Sie wehrte die Männer ab, schritt über den Platz, entdeckte Bella und kam auf sie zu.

Was für eine Überraschung! Machen Sie Urlaub? Sollten Sie sich nicht eine schönere Ecke dieses wunderschönen Landes aussuchen als ausgerechnet Neapel? Es stinkt hier, und wie es hier stinkt. Ich suche ein Taxi. Kommen Sie mit in die Stadt? Ich würde mich ja gern zu Ihnen setzen, aber hier stinkt es wirklich. Große Hoffnung, dass es in der Stadt besser ist, habe ich übrigens nicht. Kennen Sie Neapel? Wenn nicht, kann ich es Ihnen zeigen. Es gibt Ecken, die werden Sie ohne sachkundige Führung niemals finden. Taxi!! Wo wollen Sie hin? In ein feines Hotel, hoffe ich, alles andere kann man hier vergessen. Taxi!!

Ein Sturzbach von Worten, aber immerhin hatte Bella auf diese Weise Zeit, ihre Überraschung zu überwinden.

Am Rand des Platzes hielt ein Taxifahrer und winkte ihnen zu; genau genommen winkte er Paola zu. Bella legte Geld auf den Tisch und folgte Paola, deren wilde rote Mähne in der Sonne leuchtete.

Wohin möchten Sie? Ich wohne bei Freunden. Freunde! Kann man in Neapel Freunde haben? Natürlich, wenn sie Ausländer sind oder wenn sie Arbeit haben. Sie glauben nicht, was für phantastische Wohnungen es hier gibt. Und was für Löcher. Natürlich leben die meisten nicht in phantastischen Wohnungen. Sie werden sehen. Wie lange wollen Sie hier bleiben? So kurz nur? Sie müssen unbedingt mit mir – wie hieß Ihr Hotel? Ah, *Exelsior*, wunderbar, aber natürlich nicht das wirkliche Neapel. Das werde ich Ihnen zeigen. Heute Abend. Ich hole Sie ab. Ist Ihnen einundzwanzig Uhr recht? Früher hat keinen Sinn. Und nehmen Sie keine Handtasche mit. Aber Sie tragen ja sowieso nie Handtaschen. Glauben Sie nicht, dass ich das nicht bemerkt hätte. Ist der Anblick nicht wunderbar? Da drüben geht es nach Capri. Wenn man Ihnen ein Zimmer zum Meer gegeben hat, sollten Sie auf jeden Fall den Sonnenuntergang anschauen. Es gibt nichts Schöneres. Um einundzwanzig Uhr also, ciao, ich freu' mich. Und keine Handtasche.

Puh, sagte Bella laut, während sie dem Taxi nachsah, das vor dem Hotel gewendet hatte und davonraste. Ein Portier in Uniform hielt ihr die Tür auf und führte sie an die Rezeption. Sie bekam ein Zimmer mit Blick auf die Bucht von Neapel, ein großes Zimmer, mit hohen Fenstern, die bis zum Boden reichten, und bunt gemusterten Chintzvorhängen, die schon bessere Zeiten gesehen hatten und nun verblichen waren, aber immer noch von Glanz und Größe zeugten. Im Bad gab es eine marmorne Riesenwanne, mit vergoldeten, altmodischen Wasserhähnen, aus denen vermutlich nichts kommen würde. Sie drehte das warme Wasser zur Probe ein wenig auf, und ein breiter, harter, dampfender Strahl polterte so laut in die Wanne, dass sie den Hahn erschrocken wieder zudrehte. Dampf beschlug den Spiegel und zeugte davon, dass die Wasserknappheit Neapels um dieses Hotel einen Bogen gemacht hatte.

Und vermutlich auch um die phantastischen Wohnungen, von denen Paola gesprochen hat.

Würde es sich lohnen, einen oder zwei Tage länger in Neapel zu bleiben? Mit Paola konnte sie das wirkliche Ziel ihrer Reise sicher nicht besprechen. Sie würde Annabella anrufen müssen, wenn sie ihre Pläne änderte. Aber zuerst wollte sie einen Gang durch die Stadt machen, bevor sie sich entschied.

Der erste Bummel durch die Innenstadt war verwirrend. Selbstverständlich gab es weder eine Straße noch ein Haus, das sie wiedererkannte. Sie gab sich sehr bald keine Mühe mehr, die Straße zu finden, in der sie mit Olga gelebt hatte. Stattdessen setzte sie sich in ein Straßenlokal, *Gambrinus*, bestellte Roséwein und ließ das Volk von Neapel an sich vorüberziehen. Es war heiß, die Menschen brandeten in lauten Wellen um die Tische und Stühle, es stank nach Brot und Abgasen und Hunden und Zigaretten und Müll, und das Volk von Neapel schien sich im sexuellen Dauerstress zu befinden. Die Mädchen, dick und halb nackt, behängt mit billigen Ketten und glitzernden Ringen, waren schwanger oder schoben Karren mit Säuglingen vor sich her. Die noch keinen Nachwuchs hatten, ließen ihre Brüste weit aus den Ausschnitten ihrer billigen T-Shirts hängen; als Versicherung, sozusagen, dass das Produkt eines kurzen Treffens in einer Türecke, auf einem ungemachten, aber leicht zu erreichenden Bett, auf dem Rücksitz eines Autos, zumindest in den ersten Monaten billig zu ernähren sein würde. Alle gehorchten der Mode, die Bäuche unbedeckt durch die Gegend zu schieben. Fett oder Schwangerschaft in jedem Stadium waren deutlich sichtbar. Die jüngsten Mütter mochten vierzehn sein, die ältesten Halbnackten zwanzig. Danach begann offenbar die Zeit, in der für Sex keine Zeit mehr blieb. Auf irgendeine Art mussten die Kinder, die sich bis dahin angesammelt hatten, ja ernährt werden. Wie das vor sich ging, war unklar. Wo blieben diese Bälger, wenn die Mütter arbeiteten? Gab es überhaupt Arbeit für diese Frauen? Oder war ihre Funktion erfüllt, wenn sie für genügend Nachwuchs gesorgt hatten? Keines der schwangeren oder mit Kindern beladenen Mädchen, keine der Frauen wurde von einem Mann begleitet. Junge Männer, hübsch herausgeputzt, in engen Hosen, edlen T-Shirts und mit teuren Sonnenbrillen, schlenderten allein oder in Gruppen umher. Männer und Frauen lebten in getrennten Welten. Die Frauen boten sich an. Die Männer, die Jünglinge taten, als beachteten sie sie nicht. Wo sie sich wohl trafen? In den dunklen, schmalen Gassen, in die der Müll geschoben worden war, um die größeren Straßen davon frei zu halten? Touristen würden die Müllgassen meiden. Fand dort ihr Leben statt, in überbelegten Wohnungen, ohne Fenster, Ratten in den Hauseingängen, in den Müllbergen? Manchmal waren in dem Gedränge teuer gekleidete Damen oder Kinder zu sehen; Reiche gab es, weshalb auch nicht. Das war in Neapel sicher so wie überall. Nur schien der Kontrast hier größer.

Bella hatte genug. Sie ließ sich ins Hotel bringen, bat darum, um zwanzig Uhr geweckt zu werden, und legte sich aufs Bett. Im Fensterausschnitt war die Abendsonne im Golf von Neapel zu sehen. Als sie durch das Klingeln des Telefons geweckt wurde, war die Sonne untergegangen. Sie hatte den Sonnenuntergang verpasst.

Paola wartete im Foyer auf sie. Sie trug Jeans und eine weiße Bluse. In der Hand hielt sie eine riesige Sonnenbrille. Ihre roten Haare hätten von Tizian gemalt sein können. Offen oder heimlich wurde sie von allen Anwesenden gemustert; von den Frauen mit Neid, von den Männern mit unverhohlenem Interesse. Sie schien nichts davon zu bemerken.

Kommen Sie, wir machen eine Spazierfahrt. Der Abend ist schön. Wie hat Ihnen der Sonnenuntergang gefallen? Wir werden später am Meer essen. Es gibt Freunde, die ich Ihnen vorstellen möchte. Wir haben einen Tisch …

Paola zog Bella, während sie ununterbrochen redete, zum Ausgang. Dem Portier, der ihnen die Tür aufhielt, nickte sie freundlich zu. Anscheinend kannten sich die beiden, denn der Portier lächelte breit zurück. Paola steuerte auf einen weißen Motorroller zu.

Ist vielleicht für Sie ein bisschen ungewohnt, auf so einem Ding durch die Stadt zu fahren. Aber Sie werden es gleich merken: Anders kommt man hier nicht voran. Halten Sie sich einfach an mir fest. Sitzen Sie? Also: Los geht's.

Paola startete und flitzte so geschickt in eine Lücke zwischen zwei Autos, dass Bella sie neidlos bewunderte.

Plötzlich schrie sie: Oh, da drüben ist Cesare, soll ich halten?

Aber sie fuhr weiter. Bella hinter ihr auf dem Rücksitz, die Hände um Paolas Hüfte geklammert, hoffte, dass die Fahrt schnell vorübergehen möge. Die Ausbeulung in Paolas Gesäßtasche könnte auch eine Waffe sein. Schließlich hielten sie vor einem Museum.

Ich kenne den Chef, sagte Paola. Das *Madre* ist neu. Das Gebäude gerade renoviert. Sie müssen es unbedingt sehen. Allein. Museen muss man für sich allein haben. Gehen Sie. Ich will mit Luca reden.

Luca war der junge Mann, der ihnen die schwere Tür geöffnet hatte; lange, dunkle Haare, zu einem Zopf im Nacken zusammengebunden, weite, schwarze Hose, ein schwarzes T-Shirt.

Das ist Luca, der Chef des *Madre*, sagte Paola, und der junge Mann begrüßte Bella mit einem Handkuss.

Mein Haus gehört Ihnen, sagte er.

Bella wanderte allein durch die Räume.

Vor einer Installation aus Spiegeln und Totenköpfen von Rebecca Horn, lustig und dekadent zugleich, blieb sie eine Weile stehen. Plötzlich erschien Paola, wütend, wie es schien, zum Aufbruch bereit. Der Versuch, ihre Wut zu verbergen, gelang nicht besonders gut.

Ihr Freund Luca, sagte Bella genüsslich, wollen wir uns nicht von ihm verabschieden? So ein reizender Mensch.

Paola sah sie an, als wisse sie nicht, von wem die Rede wäre.

Gehen wir an die frische Luft, sagte sie. Solche alten Gemäuer stinken. Komisch, dass ich das bisher nicht bemerkt habe.

Und sie rannte mehr, als sie ging, dem Ausgang zu. Der Motorroller, den sie vor der Tür geparkt hatte, war verschwunden. Paola schien darüber weniger wütend zu sein als über ihren Freund Luca.

Gehen wir zu Fuß zurück, sagte sie. Das Ding gehörte mir nicht. Wieso auch. Ich lebe hier ja nicht. Mein Freund Giovanni hatte es mir geliehen. Er wird sich ein neues Fahrzeug kaufen. Wussten Sie – da gingen sie die Via del Duomo entlang, um gleich darauf in ein enges Gängeviertel abzubiegen –, wussten Sie, dass niemand genau weiß, wie viele Kirchen es in Neapel gibt? Achten Sie einmal darauf. Ich glaube nicht, dass irgendwo ein Volk lebt, das frommer ist als die Neapolitaner.

Sie gingen an Ständen und Läden vorüber, die Krippenfiguren in jeder Preislage anboten. Auf den Stufen, die zu einem Kirchenportal hinaufführten, saßen zwei zerlumpte alte Männer. Es roch nach verfaultem Fisch. Aus geöffneten Fenstern kam der Geruch von billigem Bratfett.

Tut mir leid, sagte Paola, ich hab' nicht aufgepasst. Ich war noch in Gedanken bei dem, was Luca gesagt hat. Sie haben es ja gemerkt, ich hatte eine kleine Auseinandersetzung mit meinem Freund. Wir hätten hier nicht entlanggehen sollen. Ich wollte Ihnen Neapel von seinen schönen Seiten zeigen.

Machen Sie sich um mich keine Gedanken, sagte Bella. Mich interessieren auch die finsteren Seiten.

Stellen Sie sich mit dem Rücken an die Wand, zischte Paola statt einer Antwort. Bleiben Sie ruhig stehen. Nicht weglaufen, bis die Sache erledigt ist.

Die Wand stank nach Hunden und Katzen und Ratten. Die Männer, die ihnen entgegenkamen, waren zu dritt. Nebeneinandergehend füllten sie die schmale Gasse aus. Man hätte nicht an ihnen vorübergehen können, ohne sie anzurempeln.

Zwei von ihnen hatten kurze Schlagstöcke in den Händen; der Dritte hatte die Hände in den Hosentaschen. Bella überlegte, ob sie in der Lage wäre, mit drei Männern fertigzuwerden, die nicht älter waren als achtzehn, aber entschlossen, nicht ohne Beute davonzuziehen. Sie war sich nicht sicher.

Man muss sie angreifen, den Überraschungsmoment ausnutzen, dachte sie.

Paola zog die Pistole, als die Männer – es waren keine Männer, es waren Jugendliche, da kamen drei Jungen auf sie zu –, lässig gekleidet, ein bisschen fett der eine, die Haare mit Gel bearbeitet alle drei, selbstbewusst, sich in den Hüften wiegend auf sie zukamen. Und Bella sah Paolas Hand, die die Pistole hielt, auf die Jungen gerichtet. Die blieben stehen, lachten, gingen weiter, kamen näher, und Paola schoss.

Sie schoss zwei Mal. Es blieb einen kurzen Augenblick still. Der Dicke begann zu schreien. Da rannten die beiden anderen schon. Paola schoss noch einmal, aber nur, um dem Dicken klarzumachen, dass er sich ebenfalls in Bewegung zu setzen habe. Was er auch tat, humpelnd und schreiend. Über Bella wurde ein Fenster geschlossen. Auch schien es so, als habe jemand irgendwo ein Licht ausgemacht. Jedenfalls war die Gasse plötzlich sehr viel dunkler.

Kommen Sie, sagte Paola. Ich muss Sie um Entschuldigung bitten. Wir hätten ein Taxi nehmen sollen. Santa Lucia – da wird es Ihnen gefallen.

Das Restaurant lag auf einer kleinen Insel am Meer, nicht weit von ihrem Hotel entfernt, wie Bella mit Befriedigung feststellte. Die Gesellschaft, die sie erwartete, bestand aus drei Männern, die ohne weiteres die Väter oder die älteren Brüder der drei Jungen hätten sein können, denen sie gerade begegnet waren.

Der Unterschied zu den Jungen von vorhin besteht darin, dachte Bella, nachdem die Begrüßungszeremonie vollzogen war und man ihr den besten Platz – Blick auf das Meer – angeboten hatte, der Unterschied besteht darin, dass die hier ihr Geld nicht mehr mit Überfällen auf der Straße machen, sondern in irgendwelchen Büro- oder Lagerräumen, wo es ganz sicher nicht weniger brutal zugeht.

Was Paola, die schöne, kluge Paola, mit diesen Männern zu tun hatte, blieb unklar. Fest stand nur, dass man sich kannte, dass man sich gut kannte. Bella gab sich keine Mühe, die Namen der Männer zu behalten. Sie war müde. Sie hatte keine Lust, den Abend, Paola zu Gefallen, mit Camorristi zu verbringen, auch wenn deren Manieren denen des schönen Luca im *Madre* nicht nachstanden. Sie musste hier nicht sitzen, den Blick auf das dunkle Meer gerichtet, ein paar schlafende Möwen am Quai anstarrend und Fischsuppe essend, die köstlich sein mochte, aber sie hatte keinen Hunger.

Wenn Sie mich entschuldigen wollen, Paola, sagte sie über den Tisch hinweg. Ich hab's ja nicht weit. Ich möchte gehen.

Paola schien erleichtert. Sie sprang auf und begleitete Bella, sich zwischen den Stühlen des Restaurants hindurchschlängelnd, auf die Straße.

Sie müssen mich nicht begleiten. Ich möchte allein sein, sagte Bella.

Nur ein paar Schritte, antwortete Paola.

Sie sprach leise, als habe sie ein Geheimnis mitzuteilen. Die Restaurants, an denen sie vorübergingen – die kleine Halbinsel schien nur aus Restaurants zu bestehen –, waren leer. Es gab keinen vernünftigen Grund, leise zu sprechen.

Hier, nehmen Sie, sagte Paola.

Sie war stehen geblieben und hielt die Pistole in der Hand. Sonst kann ich Sie nicht allein gehen lassen. Ich treffe Sie morgen im Hotel. Gute Nacht.

Paola ging. Bella empfand es als unhöflich, die Pistole sofort ins Wasser zu werfen. Sie steckte sie in die Hosentasche, während sie Paola nachsah. Die verschwand, ohne sich noch einmal umzusehen.

Der Weg zum Hotel war kurz und ereignislos. Außer ein paar Liebespaaren, die sich darauf vorbereiteten, die Anzahl der ledigen Mütter zwischen dreizehn und sechzehn so bald wie möglich zu erhöhen, war niemand mehr unterwegs. An der Rezeption sagte sie, dass sie am nächsten Morgen abreisen würde. Sie hatte keine Lust mehr, die quasselnde Paola zu treffen. Sie musste sich eingestehen, dass es Unsinn gewesen war, nach Neapel zu kommen.

Du hast eine gewisse Neigung, Orte, die du von früher kennst, noch einmal aufzusuchen, um Gefühle zu aktivieren, die du vergessen hast. So etwas kann schädlich sein, meine Liebe. Einen Augenblick lang überlegte sie, ob sie nach Hamburg zurückfahren sollte. Sie entschied sich dagegen. Sie wollte Gianluca finden, so schnell wie möglich, danach einen Abstecher nach Palermo machen, das sie nicht kannte und bei dieser Gelegenheit kennenlernen würde, und dann erst zurückfliegen.

Im Hotel stand sie am Fenster und sah auf die Straße. Der Mond hing über Santa Lucia. Der Weg von der Restaurant-Insel zur Stadt war leer bis auf vier Menschen, die nebeneinander gingen und heftig gestikulierten. Paola und die Camorristi? Achselzuckend wandte Bella sich ab. Was gingen sie diese Leute an. Sie zog sich aus, schob die Pistole unter ihr Kopfkissen – weshalb dahin?, fragte sie sich amüsiert – und schlief schnell ein.

Gianluca besucht seine Mutter

Natürlich hatte ihn niemand gesucht. Lächerlich eigentlich, wie sich in der Dunkelheit Probleme auftürmen konnten, die dann am Tage einfach nicht mehr vorhanden waren. Wovor hatte er sich gefürchtet?

Belustigt betrachtete Gianluca vom Bett aus die Einrichtung seines Zimmers. Die Frontseiten der Schränke waren ziegelrot lackiert; das allerdings schon seit dreißig Jahren. Alle übrigen Flächen, ja selbst der Rahmen des gewaltig großen Spiegels, die Wände, die Türen waren einmal weiß gewesen und hatten inzwischen die Farbe von vergilbtem Schleiflack angenommen. Alles zusammen, die grün-weiß-gelb gestreifte Bettwäsche, die verblichenen Vorhänge und der leicht modrige Geruch im Zimmer deuteten darauf hin, dass das Hotel schon bessere Zeiten gesehen hatte.

Er stand auf, öffnete das Fenster und sah hinaus auf einen verwahrlosten Garten. Dahinter allerdings war das Meer zu sehen. Gianluca liebte das Meer. So oft er konnte, hielt er sich am Wasser auf. Er fand, dass er genau den richtigen Beruf gewählt hatte. Abends, wenn seine Freunde durch die Gegend zogen, war er beschäftigt. Aber am Morgen, wenn sie in irgendwelchen Büros hockten oder hinter Ladentischen herumstanden, müde und gelangweilt, sich mit Gewalt wach hielten, um nicht beim Autofahren einzuschlafen, dann war er frei. Und wo konnte man seine Freiheit tiefer empfinden als in den Wellen tobend, am Strand entlanglaufend, seinen Körper der Sonne aussetzend, gegen den Wind kämpfend? Er würde jetzt nicht ins Wasser gehen. Er würde Agrigent so bald wie möglich verlassen. Aber er wusste, was er tun würde, wenn er seinen

Auftrag in Corleone erledigt hätte. Fast war ihm, als fühlte er schon den Wind und die Sonne auf seiner Haut. Er streckte sich, wandte sich vom Fenster ab und ging unter die Dusche. Gianluca fand duschen widerlich, besonders in einem Bad, das vor vierzig Jahren einmal modern gewesen sein mochte, das nach Moder roch und in dessen Fugen zwischen den Kacheln sich der Kitt verfärbt hatte. Seine kleine Wohnung in Palermo lag am Meer in Bagheria, auch wenn er so einen weiteren Weg ins Restaurant hatte. Den Weg nutzte er dann später, als er ausgelernt hatte und bei den Gästen des Restaurants seine Acciughe al limone anfingen, bekannt und beliebt zu werden, um auf dem Markt frische Sardellen einzukaufen. Die mussten eine ganz bestimmte Größe haben und sogar – aber darüber lachten die Fischhändler, und nur Gianluca wusste, dass er im Recht war – auch einen bestimmten silbrigen Glanz.

In Wirklichkeit bist du ein Meer-Mensch, hatte einmal einer seiner Freunde zu ihm gesagt und dabei bewundernd auf den beweglichen, muskulösen, aber schlank und schmal wirkenden Körper Gianlucas geschaut.

Im Speisesaal des Hotels, der im Souterrain lag und dessen Fenster so hoch waren, dass man nicht hinaussehen konnte, hielten sich nur wenige, schlecht gelaunte Gäste auf. Der Kaffee war nicht genießbar. Gianluca verließ den Saal, zahlte an der Rezeption sein Zimmer, bestellte ein Taxi und verließ das Hotel, um draußen zu warten. Vom Meer herüber wehte ein leichter Wind. Die Sonne schien ein wenig kraftlos, aber es war hell, und die Luft war klar. Klar waren auch seine Gedanken. Er würde sich nach Agrigent zurückbringen lassen, dort den Wagen mieten und noch heute nach Corleone fahren. Er war erst morgen mit den Freunden seines Vaters verabredet. Heute würde er seine Mutter besuchen und dort bleiben bis zum Morgen. Die Alte würde sich freuen. Er hatte sie zuletzt vor zwei oder drei Jahren gesehen.

Er liebte das Haus nicht, in dem er aufgewachsen war, und er verstand, dass sein Vater es verlassen hatte. Er verstand auch, dass sein Vater die Alte dort zurückgelassen hatte. Das Haus war innen dunkel, kalt und verwinkelt. Als Kind hatte er sich dort oft gefürchtet. Und seine Mutter? Dunkel war sie auch, Schwarz schien die einzige Farbe zu sein, die sie kannte. Ihre Hände waren warm, aber als sein Vater gegangen war, hatte ihr Gesicht einen Ausdruck starrer Trauer angenommen, der nie mehr verschwunden war. Es gab mehrere solcher alten Frauen in Corleone. In Wirklichkeit wusste man eigentlich nicht, ob sie alt waren. Seine Mutter musste vierzig gewesen sein, als sein Vater gegangen war. Vierzig war nicht alt. Unter den Frauen, die er kannte, waren mehrere Vierzigjährige, bei deren Anblick Gianluca nie auf die Idee gekommen wäre, sie als alt zu bezeichnen. Annabella, zum Beispiel …

Sein Gesicht verzog sich. Plötzlich sah der schöne Gianluca hässlich aus. Er kickte mit dem Fuß einen Kieselstein in Richtung Hoteleinfahrt, sah dem Stein nach und sah das Taxi kommen.

Der Taxifahrer war ein sehr junger Mann, der sicher keinen Führerschein hatte und nur mal eben für seinen Vater oder großen Bruder eingesprungen war. Aber er fuhr ordentlich. Am Eingang zu den Tempelfeldern hatten sich auf der Straße Touristen versammelt, und der Junge fluchte. Gianluca sah seine Augen im Rückspiegel. Er hatte große, dunkle Augen mit sehr langen Wimpern und Augenbrauen, die Pasolini in Entzücken versetzt hätten.

Wir haben Zeit, Kleiner, sagte Gianluca.

Als ob die zu Hause keine Trümmer hätten. Versteh ich nicht. Und dann so junge Frauen.

Eine kleine Gruppe von Touristinnen ging am Auto vorüber. Zwei schlanke blonde Mädchen und eine Dritte, die ihre unförmige Figur in zu enge Hosen gezwängt hatte.

Ist Ihnen schon mal aufgefallen, dass ein paar Dünne immer eine Dicke dabeihaben? Als ob sie die brauchen.

Nein, sagte Gianluca. Das ist mir noch nicht aufgefallen.

Dann schwieg er, und auch der Junge hielt den Mund. Etwas in der Stimme des Mannes auf dem Rücksitz ermunterte ihn nicht zum Weiterreden.

Gianluca ließ sich im Stadtzentrum absetzen.

Ich kann Sie auch später wieder fahren, sagte der Junge, hundert am Tag. Aber Gianluca ließ sich nicht darauf ein.

Im Stadtzentrum, neben dem mit Autos vollgestopften Marktplatz, fand er einen Autoverleih und mietete einen Alfa GT. Er hatte Zeit. Also fuhr er nicht direkt nach Corleone, sondern nahm die Küstenstraße in Richtung Sciacca, bog aber vorher ab, weil er jetzt, gerade jetzt, Lust hatte, den schönsten Fleck der Erde zu sehen. Die Straße nach Eraclea Minoa schlängelte sich hinunter zum Meer. Niemand kam ihm entgegen, niemand folgte ihm. Unten angekommen, stellte er das Auto in einem Eukalyptuswäldchen ab und ging an den Strand. Da lagen die lang ins Meer gestreckte weiße Kreideküste, das blaue Meer, Mare Africano, und der breite Sandstrand davor von unbestimmbarem Grün-Grau. Gianluca breitete die Arme aus und schrie gegen den Wind ein paar Namen in die Luft. Natürlich würden sie nicht auftauchen, die Freunde, mit denen er Tage und Nächte hier verbracht hatte. Er lachte über sich und über den dreibeinigen Hund, der misstrauisch näher geschlichen kam.

Der Strand war übersät mit leeren Plastikflaschen und Joghurtbechern. Tang von bräunlich-schwärzlicher Farbe klebte daran. Trockene Zweige und Kiefernzapfen lagen herum. Der Hund hatte nicht nur ein Bein, sondern auch ein Auge weniger, als er hätte haben sollen. Er zog die Lefzen hoch und ließ ein schwarz-braunes Gebiss sehen. Er schien ein Teil des schmutzigen, verkommenen Strandes zu sein, der darauf wartete, für die

Saison hergerichtet zu werden, nur würde den räudigen Hund niemand mehr herrichten können. Man würde ihn verjagen, sobald die ersten Touristen auftauchten.

Armer, du, sagte Gianluca fröhlich.

Er zog Schuhe und Strümpfe aus und lief nach vorn ans Wasser. Hier hatten die Wellen den Sand saubergewaschen. Aber dann stand er da und wusste nicht, was er tun sollte. Es war zu kalt, um zu baden. Das Wasser umspülte seine Füße, die schmal waren und ihm plötzlich blass und wie losgetrennt von seinem Körper vorkamen. Er sah in die Richtung, aus der der Hund gekommen war. Zu dem Restaurant, auf dessen mit Bambus gedeckter Strandterrasse sie nächtelang gesessen und geredet und Wein getrunken hatten. Sechzehn waren sie gewesen, siebzehn oder achtzehn, und ihre Gespräche hatten sich nur um zwei Themen gedreht: weg von der Insel und Sex. Jetzt flatterten Teile des Bambusdaches im Wind. Tische und Stühle waren an den Wänden entlang aufgestapelt. Aus dem Schornstein des Restaurants kam kein Rauch.

Bedauerte er, hierher gefahren zu sein?

Gianluca ging langsam zurück. Der Hund hatte sich als Wächter neben seine Schuhe gelegt. Er sah friedlich aus und erwartungsvoll.

Man sollte ihn erschießen, gerade jetzt, dachte Gianluca, während er seine Schuhe anzog.

Er stand auf, suchte in seinen Taschen und fand einen eingewickelten Keks, den er im Flugzeug eingesteckt hatte, wickelte ihn aus, warf ihn dem Hund neben die Vorderpfote und sah zu, wie das Tier danach schnappte.

Gerade jetzt, dachte er noch einmal und ging zum Auto.

Er fuhr langsam ins Innere des Landes, genoss den Blick auf die Artischockenfelder und auf die grünen Flächen des Weizens. Weshalb hatten sie damals von der Insel weggewollt? Gab es etwas Schöneres als dies hier? Na klar, sie waren jung, aber sie hätten trotzdem begreifen können, dass sie Sizilianer waren. Vielleicht hatten sie es inzwischen begriffen? Und er selbst – war er denn hiergeblieben? Gut, man musste sich in der Welt umsehen. Und einige gab es, die waren irgendwann gezwungen gewesen, die Insel zu verlassen.

Wie Mario, dachte er.

Aber war Mario wirklich gezwungen gewesen? Er hatte nie darüber gesprochen. Und wenn – gingen die, die ihre Gründe hatten, nicht viel weiter weg? Was wohl aus seinen Freunden geworden war? Einige hatte er hin und wieder in Palermo getroffen, zwei, genau genommen waren es zwei, Franco und Giovanni. Die beiden hatten irgendeinen Job dort gehabt. Sie hatten nie über ihre Arbeit gesprochen. Weshalb nicht? Und die anderen? Das Land war arm. Und vor fünfzehn Jahren war es noch sehr viel ärmer gewesen: Nicht alle hatten so viel Glück mit ihren Vätern gehabt wie er mit Mario.

Es war später Nachmittag, als Gianluca die ersten Häuser von Corleone sah. Der Anblick ließ ihn kalt. Er fuhr in die Stadt. Er hatte nicht daran gedacht, dass Läden und Restaurants, Fenster und Bars noch geschlossen waren, also stellte er das Auto neben einer kleinen Kirche ab und setzte sich auf die Bank davor. Er wartete, sah die engen Straßen, die auf die Kirche zuliefen, die aneinandergebauten, niedrigen Häuser, heilige Jungfrauen in vergitterten Fensternischen und einen alten Mann, der auf den Stufen der Kirche in der Sonne saß und ihm den Rücken zuwandte. Es war, als wäre die Stadt gestorben, aber es würde nicht mehr lange dauern, bis das Leben in sie zurückkehrte.

Das Kichern von ein paar kleinen Mädchen weckte ihn auf. Der alte Mann saß noch immer auf den Kirchenstufen.

Wirst dir den Arsch verkühlen, Alter, dachte er.

Er stand auf, reckte sich und ging die schmale, ansteigende Straße hoch, die zum Haus seiner Mutter führte.

Wer zur Mafia gehört …

Annabella hatte ihr verschiedene Routen genannt, die Gianluca wählen könnte, aber alle hatten gemeinsam, dass sie irgendwann in Corleone endeten. Bella hatte überlegt, ob sie einer dieser Routen folgen sollte. Das hätte den Vorteil gehabt, die Insel ein wenig genauer kennenzulernen. Dann aber entschloss sie sich doch, direkt nach Corleone zu fahren und dort auf Gianluca zu warten. Weil sie keine Lust hatte, schon wieder in ein Flugzeug zu steigen, fuhr sie mit der Bahn bis Reggio di Calabria, bestieg ein Schiff im Hafen von San Giovanni und war eine halbe Stunde später in Messina. Nach der halben Stunde auf dem Schiff und dem Spaziergang durch den Ort, bevor das Schiff den Hafen verließ, hatte sie begriffen, dass sie im ärmsten Süden Italiens angekommen war.

Messina wirkte dagegen prächtig, jedenfalls soweit sie es bei einer Wanderung durch die Innenstadt feststellen konnte. Ein Gedanke beschäftigte sie kurz: Könnte es sein, dass der Kampf gegen die Cosa Nostra, der durch die Ermordung der Richter Falcone und Borsellino ausgelöst worden war, zwar auf Sizilien Früchte getragen, den Süden Italiens aber, dort, wo Camorra und 'Ndrangheta herrschten, gar nicht berührt hatte? Sie gab den Gedanken bald wieder auf. Sie hatte keine Lust, über Verbrecherorganisationen nachzudenken, die sie nichts angingen.

Ein bisschen Land und Leute, ein paar schöne alte Städte, immerhin war hier die Wiege der europäischen Kultur (Griechenland, Rom, Herakles, der Feind ihrer Träume), das waren die Dinge, um die sie sich kümmern wollte. Und um einen Zug nach Corleone.

Den aber gab es nicht. Es existierte zwar eine gut ausgebaute Eisenbahnlinie rund um die Insel, aber das Landesinnere war nur mit Bus oder Auto zu erreichen. Bus kam nicht in Frage, also ein Auto. In einem kleinen Laden kaufte sie etwas Brot und Obst und eine Flasche Wein. Als sie den Mann hinter dem Ladentisch bat, die Flasche zu öffnen und den Korken wieder in die Flasche zu drücken, aber nicht zu tief, sah er sie prüfend an.

So ein schönes Land, sagte Bella freundlich. Das muss man doch gebührend begrüßen.

Warten Sie, sagte der Mann, kramte unter dem Ladentisch ein Kistchen mit Süßigkeiten hervor und eine angebrochene Flasche Amaro Averna. Es fanden sich zwei Gläser, und sie tranken den wohlschmeckenden, bitteren Kräuterlikör, lächelnd und vertraut, als kennten sie sich schon lange. Das Kistchen mit den Süßigkeiten vergaß Bella mitzunehmen.

Das Auto war ein kleiner Fiat, ein Blechgehäuse ohne irgendeinen überflüssigen Firlefanz, einfach nur ein Ding auf vier Rädern, mit dem man sich von einem Ort zum anderen bewegen konnte. In einer Tankstelle erwarb sie eine Straßenkarte. Allein die Namen der Städte bezauberten sie: Siracusa, Ragusa, Racalmuto, Agrigento, Palermo – hatte nicht Empedokles in Agrigent gelebt? Fünfhundert Jahre vor Christi Geburt hatte in Agrigent jemand über die Gleichheit der Menschen nachgedacht, die Sklaverei verachtet, es abgelehnt, sich zum König krönen zu lassen, gemeint, verstanden zu haben, dass die Kräfte, die die Welt bewegten, die Liebe und der Streit wären. Hatte nicht Brecht ein Gedicht über ihn geschrieben?

Bella suchte und fand den kleinen Band der Brecht-Gedichtausgabe (Dünndruck! Alle Gedichte auf 1274 Seiten, handliche Reiselektüre) und las die Geschichte vom Schuh des Empedokles:

Als Empedokles, der Agrigenter
Sich die Ehrungen seiner Mitbürger erworben hatte zugleich
Mit den Gebrechen des Alters
Beschloss er zu sterben …

Endlich startete sie das Auto. Jetzt wäre Gelegenheit, den Ätna zu erkunden, nach Agrigent zu fahren, nach Racalmuto; dorthin, wo Leonardo Sciascia gelebt hatte, der Schriftsteller, der das faschistische und nachfaschistische Sizilien vermutlich eindringlicher und wahrheitsgemäßer beschrieben hatte als alle Soziologen und Historiker, die sich am Phänomen der sizilianischen Mafia versucht hatten. Sie hatte die wenigen Tage genutzt, die ihr vor dem Abflug nach Neapel geblieben waren, um sich zu informieren. Deutlich geworden war ihr beim Lesen allerdings nur, dass Soziologen, Historiker, Sensationsschreiberlinge, Journalisten, die sich als Experten für das organisierte Verbrechen ausgaben, mehr oder weniger im Nebel herumstocherten, wenn sie sich auf das Thema genauer einließen. Einige, wie Eric Hobsbawm zum Beispiel, waren wenigstens so ehrlich, zuzugeben, dass sie nur geringe Kenntnisse und eher Vermutungen über die Strukturen der Cosa Nostra hatten. Andere illustrierten ihre Bücher mit den Fotos von erschossenen Gangstern, als könnten diese Fotos allein schon Erklärungen bieten. Man schrieb voneinander ab, beschwor Riten, die angeblich bei der Aufnahme in eine Mafia-Familie eine Rolle spielten, obwohl diese Riten im gleichen Atemzug als so geheim bezeichnet wurden, dass niemand ihre Anwendung je beobachtet haben könnte.

Anscheinend machte es sich in den Augen der Leser gut, wenn man berichtete, wie schweigende Bauern nachts und heimlich Heiligenbilder verbrannten, sich gegenseitig mit Messern in die Hände stachen, wenn sie einen Knopf vom Boden aufheben sollten, und ihr Blut vermengten, wobei sie sich ewiges Schweigen gelobten. Worüber schwiegen die eigentlich? Über ihre Geschäfte, wie jeder gewöhnliche Kaufmann auch. Über die Morde, die zur Abwicklung der Geschäfte nötig waren. Das war einleuchtend, wenn auch, vom moralischen Standpunkt aus gesehen, verwerflich; das Morden, nicht das Schweigen. Über die Strukturen, in denen sie sich bewegten. Was für ein geheimnisvoller Reiz ging doch aus von den vielen Fotos, die friedlich zusammensitzende Männer vor brüchigen Häuserwänden zeigten, einfache Männer, von denen jeder ein freundlicher Großvater sein könnte, Männer, die aber, wenn sie so – und das am helllichten Tage! – zusammensaßen und ungerührt in die Kamera blickten, auch die heimliche Regierung des Ortes sein könnten, in dem das Bild aufgenommen worden war.

Natürlich gab es auch Fotos von den Trümmern der Autos, in denen Falcone und Borsellino in die Luft gesprengt worden waren. Und Fotos von riesigen Käfigen, in denen Gruppen von Männern saßen, die sich gelangweilt die Nägel stutzten, während in einem überfüllten Saal über sie Gericht gehalten wurde. Mörder in Käfigen, Betrüger, Kriegsgewinnler oder -verlierer? im ewigen Streit um Macht und Geld und Einfluss. Und es gab Fotos von Einzelnen; ein Foto von »Lucky« Luciano, zum Beispiel, auf dem er, begleitet von Freunden, in Palermo spazieren geht. Ein wenig sieht er Reza Pahlavi ähnlich, dem ehemaligen Schah von Persien, und unwillkürlich fragt man sich beim Betrachten der Fotos, an wessen Händen wohl mehr Blut geklebt hat. Wie Märchengestalten, die plötzlich real geworden sind, wirkten diese Männer.

Meyer-Lansky, zum Beispiel, mit seinem Anwalt auf dem Weg zum Gericht: ein richtig netter Onkel und der Anwalt, mindestens Harvard-Absolvent. Dieser richtig nette Onkel wurde als »einer der brillantesten kriminellen Köpfe des zwanzigsten Jahrhunderts« bezeichnet und erinnerte Bella an eine gewisse Spezies von Weltbankpolitikern, die viele Namen hatten, hohes Ansehen genossen und ganz sicher nichts dagegen taten, dass jeden Tag auf der Welt Kinder verhungerten und in Zukunft noch mehr Menschen verdursten würden, weil sich bestimmte Konzerne größere Profite davon versprachen, wenn sie Wasser beschlagnahmten, um es dann verkaufen zu können. Es gab das Foto eines Tores, den Fondo Favarella in Ciaculli, ein gewöhnliches eisernes Tor, eingefasst von steinernen Säulen und einer Mauer, hinter der, so der Autor, »sowohl Mandarinen als auch Heroin« produziert wurden. Natürlich waren die Produktionsstätten nicht abgebildet. Nur der Hinweis, dass »die Wurzeln der Mafia und ihre jüngere Geschichte in den Zitrusplantagen rund um Palermo angesiedelt sind«, genügte, um in dem Betrachter des Fotos Gefühle von Unheil und Bedrohung wachzurufen.

Ob solche Ahnungen von Unheil und Bedrohung auch Menschen befielen, die ein Foto des von allen demokratischen Staaten mit viel Geld unterstützten Präsidenten Karzai von Afghanistan betrachteten?, überlegte Bella. Vermutlich würde man dessen Vermögen eines Tages, wenn er, aus welchen Gründen auch immer, für seine Freunde nicht mehr tragbar geworden wäre, auf irgendwelchen Schweizer Konten finden. Sicher wäre es unermesslich groß, erworben mit dem Anbau und der Herstellung von Rauschgiften, aber leider nicht verfügbar. Deshalb würde es nicht dazu benutzt werden können, den Analphabeten in Afghanistan lesen und schreiben beizubringen.

Bellas Lieblingsfoto aus dieser Ansammlung von Dokumenten, die die Einmaligkeit und die Bösartigkeit der Mafia bezeugen sollten, war allerdings ein anderes. Es zeigte einen leibhaftigen Kardinal, ein bisschen ähnlich dem Mann aus einem bayerischen Dorf, aber diese Ähnlichkeit hatte nichts zu sagen, denn das lange Gewand, das Käppchen auf dem Kopf und das mannshohe Kreuz, das der Kardinal vor sich her trug, bewirkten eine Ähnlichkeit mit allen anderen Männern seiner Zunft und seines Ranges. Dieser Kardinal Ernesto Ruffini führte eine Demonstration in Palermo an, die dazu veranstaltet worden war, einem gewissen Salvo Lima jene Glaubwürdigkeit wiederzubeschaffen, die ihm in den Augen der Palermitaner durch krumme Geschäfte abhandengekommen war. Lima hatte es sich nämlich zur Aufgabe gemacht, zwischen den gewählten Politikern der Democracia Cristiana und den regierenden Mafiosi zu vermitteln. Solche Arbeit musste in größerem Maßstab stattfinden. Salvo Lima brachte es bis zum Abgeordneten im Europa-Parlament. Fünfzehn Jahre dauerte sein segensreiches Wirken dort, bevor er 1992 erschossen wurde. Nicht dort, im Parlament, versteht sich, sondern in Palermo, an der Stätte seines segensreichen Wirkens für seinen Freund, den Staatspräsidenten Andreotti.

Woran man sehen kann, dachte Bella, dass man sich im Zeichen des Kreuzes zwar eine ganze Weile, aber doch nicht endgültig, beschützt fühlen kann.

Palermo – sie freute sich darauf, die Stadt kennenzulernen. Annabella hatte ihr die Adresse von Marios Freunden geben wollen, aber sie hatte abgelehnt. Sie war nicht darauf erpicht, Fremde zu besuchen, auch wenn sie Freunde von Mario waren. Sie wollte die Stadt allein und auf ihre Weise erkunden. Mario – sie sah plötzlich sein Gesicht vor sich. Mario, der Palermitaner, fröhlich, aufbrausend, wenn etwas nicht nach seinem Kopf ging, verliebt in die schöne Annabella, stolz auf sein beliebtes Restaurant. Hatte dieser Mann, wie Annabella behauptete, wirklich so viel Einfluss, dass er Menschen in Corleone, zumindest einen Menschen in Corleone beauftragen konnte, Gianluca zu ermorden? Dann wäre Mario nicht der strahlende, tüchtige, gutmütige Restaurantbesitzer, als den Bella ihn kannte. Dann wäre es womöglich besser, sie würde das Auto zurückbringen, das nächste Flugzeug nach Hamburg nehmen und ihre sizilianischen Freunde die Familienkonflikte alleine lösen lassen.

Du bist verrückt, Bella Block, sagte sie laut und fröhlich. Das kommt davon, wenn man zu viele Bücher über die Mafia liest, anstatt die Dichter Siziliens zu studieren. Vermutlich gibt es keine Insel in Europa, nein, auf der Welt, die im Lauf ihrer Geschichte so viele Dichter hervorgebracht hat. Und was tust du? Schrecklich, wenn Berufskrankheiten anfangen, die Persönlichkeit eines Menschen zu verbiegen. Nur, weil du vor vielen Jahren einmal Polizistin warst und bis vor wenigen Jahren dein Brot als Privatschnüfflerin verdient hast, solltest du nicht hinter jedem Baum das Verbrechen lauern sehen.

Ihr wurde bewusst, dass die Fahrt sie zu langweilen begann. Sie brauchte eine Unterbrechung, also hielt sie an und studierte die Karte. Eine Pause, ein hübsches kleines Zwischenziel wie Racalmuto, wäre schön gewesen, Leonardo Sciascias Heimatstädtchen. Jemand, der über einen seiner sizilianischen Romanhelden schreiben konnte wie er, hätte einen Besuch verdient:

> *Er liebte es sehr, das Knäuel der Kuriositäten zu entwirren, auf die er in seinen Büchern und seinen Gedanken stieß. Seit er auf irgendeine Weise mit Büchern zu tun hatte: Und seine Brüder, die viel zielstrebiger und arbeitsamer über den Büchern saßen, hielten ihn deshalb für einen Tagedieb. Aber er wusste, dass er in diesen verlorenen Stunden und Tagen viel hinzugewonnen hatte; und jedenfalls hatte er stets Vergnügen daraus gezogen.*

Aber der Umweg würde zu viel Zeit kosten. Sie fuhr eine kleine Strecke, fand eine Ausbuchtung an einer Straße, die so groß war, dass die Lkws auf der Landstraße ihr nicht zu nahe kamen, hielt an, packte Brot und Wein aus und machte es sich am Feldrand bequem. Die Landschaft hier war hügelig, von verschiedenfarbigen Feldern bedeckt, hin und wieder von bräunlichen, aus der Erde hervoräugenden Felsadern durchzogen. Ziemlich weit entfernt waren, wie kleine graue Flecke, Schafe zu erkennen, die stillzustehen schienen. Eine windschiefe, dunkle Holzhütte in ein paar hundert Metern Entfernung sah aus wie die Hütte, in der Bernardo Provenzano, der letzte der berüchtigten Cosa-Nostra-Chefs, sich verborgen gehalten hatte und aus der heraus er verhaftet worden war – verdammt.

Gib es auf, Bella. Solange du hier herumreist, zumindest so lange, bis du diesen unglückseligen Gianluca gefunden hast, um ihm das Geld in die Hand zu drücken, das seine besorgte Stiefmutter dir gegeben hat, damit er sich vom Acker machen kann, zumindest so lange wirst du hinter jedem Baum einen Mafioso vermuten und in jeder wackeligen Hütte das Hauptquartier eines Bosses. Danach aber, danach erholst du dich bei Wein und Dichtkunst und in Museen und lässt dich überwältigen von den großartigen Anfängen der abendländischen Kultur.

Sie erreichte Corleone bei einbrechender Dunkelheit.

Paola und die Cosa Nostra

Paola hatte ein Flugzeug genommen, um von Neapel nach Palermo zu kommen. Sie reiste nicht ganz so entspannt, wie sie es sich gewünscht hätte. Sogar die huldigenden Blicke der Männer im Warteraum des Flughafens von Neapel wie die bewundernden Blicke der beiden Piloten, die im Eingang zum Cockpit standen, während sie die Treppe hinaufstieg, als auch die starren Augen der Stewardessen, die sich große Mühe gaben, höflich zu sein, obwohl sie die Konkurrentin am liebsten hinauskomplimentiert hätten, waren ihr vollkommen gleichgültig. Ihre Gedanken waren mit dem Verlauf des vergangenen Abends beschäftigt und dazu mit einem Problem, das ihr erst seit einigen Tagen bewusst geworden war und das sie dringend lösen müsste, je eher desto besser.

Der vergangene Abend war nicht so verlaufen, wie sie es sich vorgestellt hatte. Zuerst dieses Zusammentreffen mit Bella und die völlig überflüssige Einladung zum gemeinsamen Abendessen, die sie schon bereute, als sie sie aussprach. Glücklicherweise war die Block ziemlich schnell von selbst darauf gekommen, allein ins Hotel zurückzugehen. Dann hatte sie ihr auch noch eine Waffe gegeben. Weshalb leistete sie sich solche Albernheiten? In ihrer Situation wäre es besser, vorsichtig zu sein. Auch wenn von dieser Bella keine Gefahr ausging, obwohl die mal Polizistin gewesen war. Aber das musste lange her sein. Das Gespräch allerdings, das sich dann im Restaurant entwickelt hatte, war dazu angetan, sich keine Illusionen zu machen. Sie war eben eine Frau, auch wenn die Familie, aus der sie kam, ihr in bestimmten Kreisen Respekt eintrug. Sie hatte die Insel vor zehn Jahren mit dem festen Vorsatz verlassen, zurückzukommen und ihren Teil dazu beizutragen, dass der Schatten – nein, in den Augen einer gewissen Öffentlichkeit war es kein »Schatten«, sondern ein riesiger Haufen Dreck –, der auf dem Namen der Familie lag, entfernt würde. Sie hatte hart dafür gearbeitet, sich Kenntnisse in europäischem Recht anzueignen, die sie brauchen würde. Ihr Ziel, am Institut für Europarecht in Trier zugelassen zu werden, hatte sie erreicht. Die Jahre in Trier waren schwer gewesen. Sie hatte die Stadt nicht gemocht, ja, nicht einmal in eine der vielen Kirchen war sie gern gegangen. Die kleinen weißen Gesichter der überall in den Straßen herumhuschenden, schwarz gekleideten Nonnen, die niemals lachten und es immer eilig zu haben schienen, jemanden zu verpetzen, einen Mann, eine Frau, am liebsten ein Kind, das gerade »Herrgott noch mal« geflucht oder vergessen hatte, ein Kreuzzeichen an der richtigen Stelle zu machen, der Anblick dieser Weiblein, umherhuschend, als seien sie auf der Flucht vor dem Gott-sei-bei-uns, der gerade versucht hatte, sie zu verführen, egal, ob jung oder alt, hatte sie jedes Mal frieren lassen.

Da war auch ein Mann gewesen im Institut, mehrere Männer, natürlich, aber einer, der sich besonders um sie bemüht hatte: blond und blauäugig, nicht dick, aber irgendwie weich, der stets korrekte Anzüge trug, dessen Absätze aber abgelaufen waren. Sie hatte sich mit ihm eingelassen, sie wusste selbst nicht, weshalb; vielleicht weil sie nicht jeden Abend allein verbringen wollte. Als sie das erste Mal zu ihm in die Wohnung kam, hatte er gekocht und den Tisch gedeckt. Er hatte auch sein Bett mit sauberer Wäsche bezogen, mit auffallender Bettwäsche aus blauem oder grauem Satin, sie hatte die Farbe vergessen. Nur, dass er (sie nicht, da war sie sicher) während des Aktes im Bett geschwitzt hatte und sich die Säfte, die er absonderte, nachher auf der eleganten Bettwäsche dunkel abzeichneten, daran erinnerte sie sich. Am liebsten hätte sie die

Wohnung sofort verlassen. Sie ekelte sich. Oft war sie nicht mehr dahin zurückgekehrt und froh gewesen, dass Harald (Harald, was für ein Name!) früher als sie seine Studien in Trier beendet hatte und zurückging nach Schweden oder Finnland oder Schleswig-Holstein. Ihre roten Haare hatten es ihm besonders angetan.

Und nicht nur in Trier war das Leben für sie schwierig gewesen. Sie hatte natürlich auch in Hamburg während des Studiums Freunde gehabt. Aber nie war das Verhältnis zu ihnen so entspannt gewesen wie zwischen den anderen Studenten. Sie war sich ihrer Aufgabe immer bewusst. Sie studierte nicht, weil ihr nicht einfiel, was sie sonst hätte tun können, oder weil die Familie es von ihr erwartete oder weil sie einen Beruf ausüben wollte, der Geld und Ansehen versprach, wie sie es bei vielen ihrer Kommilitonen beobachtete. Sie selbst hielt ihre Beweggründe zu studieren für mindestens so ehrenhaft, nur konnte sie eben mit niemandem darüber sprechen. Selbst in der heißesten Disco, die sie manchmal durchaus besuchte, blieb so etwas wie eine unsichtbare, kalte Wand zwischen ihr und den Freunden. Manche der männlichen Kommilitonen hatten sie deshalb interessant gefunden. Die Frauen aber hielten sie eher für ehrgeizig und kalt, trotz der Freundlichkeit, die sie versuchte auszustrahlen. Aber sie hatte es geschafft. Und nun, und darüber hatte sie offenbar vorher nicht gründlich genug nachgedacht, kamen Schwierigkeiten auf sie zu, die viel größer waren als alle, die sie bisher bewältigt hatte.

Sie hatte nur einen kleinen Versuchsballon losgelassen. An der Reaktion ihrer Gesprächspartner aber war abzulesen gewesen, worüber sie nun nachzudenken begann, während das Flugzeug auf dem Rollfeld stand und darauf wartete, starten zu dürfen.

Den Familien auf Sizilien ging es seit einigen Jahren nicht besonders gut. Und auch einige Leute in Neapel hatten wohl inzwischen begriffen, dass es besser wäre, über eine neue und wirksamere Strategie nachzudenken, als der Öffentlichkeit immer wieder die alten Muster zu präsentieren. Raffaele Cuttolo, zum Beispiel, er war zu siebenmal »lebenslänglich« verurteilt worden, saß im Hochsicherheitstrakt von Novara und genoss alle Freuden, die möglich waren. Natürlich sahen echte Freuden anders aus, aber gemessen daran, was gewöhnliche Häftlinge in süditalienischen Gefängnissen auszustehen hatten, konnte er sich gewiss nicht beklagen. Anstatt aber dieses einigermaßen angenehme Leben, das ihm, von wem auch immer, garantiert wurde, in Ruhe zu genießen, machte er durch eine geradezu lächerliche öffentliche Intervention auf sich aufmerksam.

Einer der Schreiberlinge, die sich in Abständen damit hervortaten, über die Familien zu schreiben und dabei so zu tun, als wären sie bei sämtlichen ihnen angedichteten Verbrechen dabei gewesen, hatte in seinem Buch behauptet, Cuttolo habe bei einem Mordanschlag auf den Richter Lamberti nicht diesen Richter getroffen, sondern dessen zehnjährige Tochter Simonetta mit Schüssen ins Gesicht umgebracht. Eine Behauptung, richtig oder falsch, zumindest nicht nachzuprüfen und deshalb geeignet, möglichst bald vergessen zu werden. Was aber tat dieser Dummkopf Cuttolo? Aus Langeweile, vielleicht auch aus Geltungssucht, wie Paola vermutete? Er ließ durch seine Anwälte der Öffentlichkeit mitteilen, es handele sich um eine Lüge. »Mich zu beschuldigen, einem Mädchen ins Gesicht zu schießen, ist eine Lüge, die ich nicht akzeptieren kann.« Und damit nicht genug: Seine Anwälte erhoben eine Verleumdungsklage gegen den Autor. Die würde zwar wenig einbringen, stattdessen aber die nicht besonders saubere Weste von Cuttolo (bei siebenmal »lebenslänglich« gab es sicher das eine oder andere unangenehme Detail) noch einmal in aller Öffentlichkeit zeigen. Und das, obwohl doch, eine Sache, die jeder Holzkopf begreifen können sollte, in Zeiten wie diesen Ruhe eingehalten werden müsste.

Manchmal verglich Paola die Situation der Familien mit einer anderen politischen Situation, aber sie hütete sich, darüber zu sprechen. Damals, als die Fronten des Kalten Krieges sich aufgelöst hatten, als, sozusagen als Bestätigung für den möglichen Beginn einer neuen Zeit, die Mauer in Berlin gefallen war, hatte gewisse Institutionen plötzlich große Ratlosigkeit ergriffen. Die Nato hatte keine Feinde mehr. Die Rüstungsindustrie war verunsichert. Welche staatlichen Aufträge könnte man noch ergattern, wenn doch auch dem letzten Hinterbänkler im Parlament klar geworden sein musste, dass der Feind im Osten keiner mehr war? Die unteren Chargen in den Armeen des Westens begannen, sich öffentlich und bitter über den um sich greifenden Beförderungsstau zu beschweren. Womit sollte man sich noch seine Sporen verdienen, wenn die Sandkästen zum Üben verwaist waren aus Mangel an Feinden?

Es hatte ein paar Jahre gedauert, ein paar Ministerköpfe gekostet, bis man allgemein wieder Tritt gefasst und einen neuen Feind entdeckt hatte. Dieser neue Feind hieß internationaler Terrorismus und war schließlich, aber das war eine natürliche Erscheinung nach einer Phase intensiven Nachdenkens vieler Gehirne auf verschiedenen Ebenen, noch viel gefährlicher. Hatte doch der alte Feind lediglich im Osten gesessen, während der neue global operierte.

Paola hatte viel nachgedacht in den Zeiten, in denen sich ihre Kommilitonen vergnügten. Wenn man ein Ziel hat, das nur langfristig zu erreichen ist, dann braucht man einen Plan und eine den Umständen angemessene Taktik, diesen Plan umzusetzen. Sie war nach langen Überlegungen zu dem Ergebnis gekommen, dass die Taktik im Augenblick und noch für längere Zeit nur darin bestehen könnte, Ruhe zu bewahren, kein Aufsehen zu erregen, alles, was den Familien ein schlechtes Image bescheren oder deren noch bestehendes schlechtes Image verstärken könnte, zu vermeiden. Unter solchen Bedingungen war das Verhalten von Cuttolo, und mochte er sich in der Vergangenheit noch so große Verdienste erworben haben, schlichtweg falsch. Aber leider hatte es eben nur einer winzigen Andeutung, nur des Anflugs einer Kritik an diesem Verhalten bedurft, um die Gesichter ihrer Gesprächspartner im Restaurant versteinern zu lassen.

Es hatte sie beeindruckt, diesen kahlköpfigen, rundlichen Gentile, der gewöhnlich aussah, als könnte er keiner Fliege etwas zuleide tun (was er sicher auch nicht tat, denn Fliegen waren das Letzte, was ihn interessierte), dabei zu beobachten, wie er sich in einen moralingesäuerten Eisklotz verwandelte. Sogar die Gabel mit der Pasta war auf dem Weg in sein Froschmaul in der Luft stehen geblieben und dann langsam wieder auf den Teller zurückgesunken. Sie hatte sehr wohl gesehen, wie die drei sich mit Blicken verständigt hatten: Sollte man dieser Frau, die einer Familie angehörte, der man mit Achtung gegenüberstand, auf so einen Fauxpas überhaupt antworten? Man hatte sich offenbar in ihr getäuscht. Sie war eine Frau. Sie verstand nicht, worum es ging.

Dass Gentile sie einer kurzen gemurmelten Antwort gewürdigt hatte, bevor er damit fortfuhr, die Pasta dahin zu befördern, wohin sie gehörte, hatte sie sicher nicht ihrer Schönheit zu verdanken.

Danach hatte sich das Gespräch nur noch um belanglose Dinge gedreht. Ihr war klar geworden, dass sie einen Fehler gemacht hatte. Sie konnte genauso gut nach Hause gehen. Und das hatte sie dann auch bald getan. Jetzt, wenn sie darüber nachdachte – sie sah dabei aus dem Fenster auf das Wasser des Golfs von Neapel, denn das Flugzeug war endlich gestartet, aber sie hatte keine Augen für das leuchtende Blau –, war sie beinahe froh über ihr Missgeschick. Sie hatte einen Blick werfen können auf den wahren Geisteszustand der alten Männer; der Alten, die im Geschäft übrig geblieben waren, was sie ganz sicher nicht nur ihrer Gerissenheit, sondern noch vorhandener Protektion zu verdanken hatten. Das Problem war nur, aber das begriffen diese Alten nicht mehr, dass diese Protektion im Verschwinden begriffen war. Genauso wie Gentile und Co. eines nicht mehr fernen Tages auf natürliche Weise abtreten würden, konnte man damit rechnen, dass ihre Beschützer sich inzwischen einem Alter genähert hatten, in dem man mit ihrem Ableben rechnen musste. Hatten die Familien vorgesorgt? Waren die nötigen Kontakte zu den Mitte-links-Leuten hergestellt worden? Das Verhältnis zum Berlusconi-Clan war völlig ungeklärt. Dabei waren die Aussichten gerade jetzt besonders gut. Die Zeit war politisch instabil. Damit war sie günstig für die Entwicklung von Beziehungen nach allen Seiten. Wer sagte denn, dass es unter Prodi nicht möglich sein sollte, junge, aufstrebende Abgeordnete zu kaufen, die ehrgeizig genug waren, sich nach Europa schicken zu lassen? Sie wusste, dass es diese Leute gab. Aber die musste man überzeugen. Mit denen musste man in einer Atmosphäre von Ruhe und Vertrauen verhandeln, die nicht beeinträchtigt wurde von wieder aufgewühlter, zumindest unangenehmer Vergangenheit und lächerlichen Ehrbegriffen.

So weit, so gut; und außerdem waren Neapel und Sizilien glücklicherweise noch immer zwei getrennte Operationsgebiete. Sollten die Neapolitaner noch eine Weile in den alten Strukturen verharren. Der Erfolg würde ihr recht geben. Irgendwann würde man am gleichen Strang ziehen, so oder so.

Ärgerlicher und dabei völlig überflüssig war das Problem Gianluca. Als Luigi ihr unter dem Siegel der Verschwiegenheit erzählt hatte, dass Mario seinen Sohn nach Corleone geschickt hatte, weil er Annabella zu nahe getreten war, hatte sie sofort begriffen, was das für sie bedeutete. Sie kannte Mario, seine Eifersucht und seine Bedenkenlosigkeit, wenn es galt, eigene Interessen durchzusetzen. Und sie hatte nur Annabella beobachten müssen, nachdem Luigi ihr die Geschichte erzählt hatte. Annabella war völlig verändert. Gut, sie versuchte noch immer, ihre Schönheit mit kosmetischen Tricks zur Geltung zu bringen, aber es gelang ihr nicht mehr wirklich. Sie sah alt aus, die arme Annabella. Plötzlich konnte man ihr ansehen, dass sie viele Jahre ihres Lebens nachts gearbeitet hatte, dass sie geraucht und den Rauch der Gäste eingeatmet hatte, dass sie schlecht schlief und auf das Klingeln des Telefons nervös reagierte. Sie hatte Angst, das war deutlich zu sehen, Angst um diesen Schönling Gianluca, der, wenn es nach Mario ginge, über kurz oder lang in der Gegend von Corleone tot aufgefunden werden würde. Erschossen, und das sicher nicht mit nur einem Schuss.

Was für hässliche Fotos! Aus einer Gegend, von der man geglaubt hatte, sie sei inzwischen ruhig und sicher geworden! Und wer war eigentlich dieser Erschossene? Welcher Familie gehörte er an? Wo hatte er gearbeitet?

Sie konnte sich die sensationell aufgemachten Zeitungsberichte sehr gut vorstellen. Natürlich waren die Journalisten im Allgemeinen Dummköpfe, die sich auf eine Sensation stürzten und im nächsten Augenblick eine neue fanden, auf die sie sich stürzen konnten. Aber es gab unter ihnen eben hin und wieder auch einen zähen Burschen, eine zähe junge Frau, ehrgeizig, aber deshalb eben nicht nur auf vordergründige Sensationen aus. Die Ruhestörung durch eine öffentliche Hinrichtung – und sie war sicher, dass Gianluca nicht heimlich umgebracht werden sollte, sondern tot auf einer Straße gefunden werden würde – war absolut überflüssig. Und auf gar keinen Fall konnte sie einen dieser, auf gründliche Ermittlungen erpichten, Journalisten gebrauchen. Sie musste Mario zuvorkommen. Sie musste Gianluca davon überzeugen, dass er zu verschwinden hatte. Mit Geld würde er sich überzeugen lassen, da war sie sicher.

Aus Agrigent war er verschwunden. Das wusste sie inzwischen. Wohin würde er sich wenden, wenn er in Corleone ankäme? Wo würde er sich sicher fühlen? Natürlich, er würde zuerst zu Mama laufen. Marios erste Frau lebte noch immer dort, nähte Gardinen, häkelte Decken und ging fleißig in die Kirche. Da würde er schlafen, bevor er am nächsten Tag zu den Leuten ginge, die er in Marios Auftrag aufzusuchen hatte. Mit Donna Mercedes ließ sich nicht reden. Selbst wenn sie ein Telefon gehabt hätte, was vermutlich nicht der Fall war, würde sie nicht begreifen, dass sie den Sohn so schnell wie möglich wegschicken sollte. Und wenn sie es begriffe, würde sie es nicht tun. Nicht, bevor sie ihn an ihr Herz gedrückt und bekocht und seinen Anzug nach Löchern abgesucht hätte. Bei diesem Gedanken musste Paola lächeln. Der elegante Gianluca, vermutlich in hellen Hosen und einer Lederjacke von Armani, und die alte Mercedes, die ihm versichert, dass ihre Nähmaschine auch Lederflicken aufsetzen könne … und Gianluca isst den Salat aus Orangen und schwarzen Oliven mit nur ganz wenig Knoblauch und dem allerfeinsten Olivenöl, während er auf den breiten Rücken und das gewaltige Hinterteil seiner Mutter sieht, die am Herd steht und darauf achtet, dass die Pasta genauso wird, wie der kleine Gianluca sie vor zwanzig Jahren am liebsten gemocht hat …

Als Paola das Flughafengebäude verließ, stürzten sich gleich vier Taxifahrer auf sie, um ihre Dienste anzubieten. Ein paar andere blieben abwartend und beobachtend im Hintergrund stehen. Sie sah die Männer an, die sich ihr in den Weg gestellt hatten, wich ihnen aus und ging auf eine junge Frau zu, die sich etwas abseits hielt. Die Frau verstand, noch bevor Paola bei ihr war, und öffnete die Wagentür.

Centrale Palace, sagte Paola.

Die Fahrerin blieb stumm, während sie geschickt das Taxi über den verstopften Platz lenkte und überhaupt so fuhr, als wären sie allein auf den Straßen. Sie passte ihre Fahrweise dem Verkehr so intelligent an, dass heftiges Bremsen oder Gasgeben unnötig waren. Paola beobachtete sie mit Vergnügen. Ein oder zwei Mal trafen sich ihre Augen im Rückspiegel. Paola lächelte dann, aber sie konnte nicht sehen, ob die Fahrerin ebenfalls lächelte. Im Rückspiegel sah sie nur deren Augen. Als sie am Gefängnis von Ucciardone vorbeikamen – die Frau hatte die Straße genommen, die am Hafen entlangführte –, sah Paola einen Augenblick lang auf die hellen Wände, die hohen Mauern, den Stacheldraht, der die Mauern begrenzte. Danach befragt, hätte sie nicht sagen können, dass sie der Anblick erschreckte oder einschüchterte. Sie hätte aufzählen können, wie die Männer hießen, die dort den Rest ihres Lebens verbrachten, und zu jedem wäre ihr eingefallen, weshalb es gerade diese oder jene Dummheit gewesen war, die ihn dort hingebracht hatte.

Eigentlich eine ziemlich teure Anlage für so einen versammelten Haufen Dummheit, dachte sie und lächelte.

Ziemlich viele Steine für ein paar Holzköpfe, sagte die Fahrerin, als habe sie Paolas Gedanken erraten.

Als sie in die Via Vittorio Emanuele einbogen, hatte Paola einen Entschluss gefasst.

Kann sein, dass ich in der nächsten Zeit ein Auto brauche. Würden Sie mich fahren? Auch zu ungewöhnlichen Zeiten? Auch für längere Fahrten?

Immer, sagte die junge Frau und fingerte in der Ablage auf dem Armaturenbrett nach ihrer Visitenkarte. Sie reichte die Karte nach hinten und sah Paola dabei im Rückspiegel an. Die nickte und verstaute die Karte in ihrer Handtasche.

Ich rufe Sie an. Wir fahren nach Corleone, gegen Abend, sagte sie.

Die Fahrerin gab ihr vor dem Hotel die Reisetasche in die Hand. Dabei betrachtete Paola sie zum ersten Mal genauer. Die Frau war kleiner als sie selbst, vermutlich auch älter, vielleicht Ende dreißig, schmal und zäh sah sie aus, eigentlich so, als arbeitete sie auf dem Feld. Vielleicht hatte sie einen zweiten oder dritten Job neben dem Taxifahren. Wenn sie mit ihren Diensten zufrieden sein würde, dann könnte sie diese Jobs in Zukunft aufgeben.

Ich melde mich, wiederholte Paola.

Die Frau nickte und ging zurück zum Auto. Sie hatte ihre dunklen Haare im Nacken zusammengebunden und einen Wollschal um die Taille gewickelt. An den Füßen trug sie schwarze Turnschuhe. Paola blieb stehen und sah dem Taxi nach, bis es sich in den Verkehr eingeordnet hatte und verschwunden war.

Mercedes

Das Haus seiner Mutter sah so aus, wie Gianluca es in Erinnerung hatte: rosagestrichen, ein wenig verwittert, aber noch ganz ansehnlich, schmal, zwei Stockwerke, eine dunkelbraune Tür und dunkelbraune Fensterrahmen, auf dem flachen Dach die Wäscheleine mit ein paar Stofffetzen. Den Anstrich und den Einbau der Tür und der Fenster hatte sein Vater vornehmen lassen, bevor er gegangen war. Niemand, weder Gianluca noch die Mutter, wäre darauf gekommen, dass es sich um ein Abschiedsgeschenk gehandelt hatte. Mercedes war der Meinung, die Renovierung sei überflüssig und auf jeden Fall zu teuer, aber sie hatte nicht widersprochen, wie immer, wenn Mario etwas beschlossen hatte. Dann, als das Haus fertig war – auch innen hatte es ein paar Veränderungen gegeben: elektrisches Licht, einen Kühlschrank und einen neuen Herd –, war sie ein paar Tage lang ernst in so viel Pracht herumstolziert. Den neuen Herd hatte sie nur geduldet, wenn der alte stehen bleiben dürfte, und Mario, der Auseinandersetzung schon längst überdrüssig, hatte klein beigegeben. Mercedes war glücklich gewesen über ihren vermeintlichen Sieg.

Das Glück hatte nur wenige Tage gedauert. Mario war einfach verschwunden, ohne ein Wort, ohne sich zu verabschieden. Ein Umschlag mit Geld war alles, was von ihm übrig geblieben war, und ein paar unansehnliche Hosen und Wäschestücke. Gianluca erinnerte sich an das Gesicht seiner Mutter, als sie in die Küche kam und den Umschlag auf dem Tisch bemerkte, als hätte er es gestern gesehen. Ihr Gesicht war vor seinen Augen zu Stein geworden, aber nicht zu irgendeinem Stein, sondern zu harter Lava, dunkel und rissig, und so war es geblieben. In den ersten Tagen nach dem Verschwinden des Vaters hatte sie nicht gesprochen. Ihre vollkommene Sprachlosigkeit hatte den Eindruck von Stein noch verstärkt. Und wären nicht ihre warmen Hände gewesen, mit denen sie ihm hin und wieder über den Kopf strich, dann, das wusste er, hätte er vor seiner Mutter Angst gehabt.

Wenn ich gewusst hätte, wohin, wäre ich damals weggelaufen, dachte Gianluca, während seine Hand nach dem Türklopfer griff. Auch er hatte nicht gewusst, wohin sein Vater gegangen war. Niemand von den Nachbarn hatte über das plötzliche Verschwinden von Mario ein Wort verloren. Es war alles beim Alten geblieben, als hätte es Mario nie gegeben. Nur der Umschlag mit dem Geld, den sie jeden Monat im Briefkasten fanden, erinnerte daran, dass der Vater einmal in diesem Haus gelebt hatte.

Als Gianluca vierzehn wurde, hatte sich neben dem Geld ein Zettel in dem Umschlag befunden, der ihm die Lehrstelle als Koch anwies. Die Stelle war in Palermo. Beim Packen seiner wenigen Habseligkeiten hatte ihn die Mutter mit kalten Augen stumm beobachtet.

Immerhin hat sie mir damals ein paar Scheiben Brot und Wurst neben meinen Rucksack gelegt, dachte Gianluca, während er den Türklopfer noch einmal, und diesmal heftiger, betätigte. Wahrscheinlich hab' ich mich deshalb überhaupt getraut, sie später wieder zu besuchen.

Er hatte damals das heftige Gefühl gehabt, zum Feind übergelaufen zu sein. Wenn er zu Besuch kam, hatte seine Mutter ihn jedes Mal stumm empfangen, und nur daran, dass sie sein Lieblingsgericht kochte und seine Kleider auf brüchige Stellen oder Risse untersuchte, spürte er, dass sie sich noch für ihn interessierte. Nach dem Vater fragte sie nie. Und wenn sie gefragt hätte, wäre er nicht in der Lage gewesen, ihr zu antworten. Vom Vater sah und hörte er in Palermo nichts. Es dauerte noch

Jahre, und seine Besuche bei der Mutter in Corleone waren schon seltener und seltener geworden, bis der Vater wieder Kontakt mit ihm aufnahm.

Als sich die Tür endlich öffnete, stand Gianluca einer alten Frau gegenüber, die schwarz gekleidet war, deren Füße in ausgetretenen Turnschuhen steckten und die sich eine schwarze wollene Decke um die Schultern gelegt hatte.

Sie heizt nicht, dachte Gianluca. Sie ist alt und heizt nicht.

Er trat ein, sah die vertrauten Fliesen, die gelben Wände, in der Ecke neben der Tür zur Küche die kleine Madonna in ihrer Nische, und fühlte sich plötzlich auf eine ihn selbst überraschende Weise zu Hause. Er sah den Rücken der Mutter, die ihm voranging, hatte den Geruch von Holzfeuer in der Nase – sie benutzt noch immer den alten Herd, dachte er – und war froh, dass er gekommen war. Einen Augenblick lang erschien es ihm so, als hätte die ungewisse Bedrohung, die er seit seiner Ankunft in Agrigent empfunden hatte, vor der Tür des Hauses seiner Mutter Halt gemacht; als wäre er hier sicher; als wäre dies überhaupt der einzige Ort auf der Welt, an dem er sich sicher fühlen konnte. Aber tief in seinem Inneren wusste Gianluca, dass er sich täuschte. Er setzte sich an den Küchentisch und sah seine Mutter an, die am Herd stehen geblieben war und ihm immer noch den Rücken zuwandte. Da stand sie, schwarz und breit und stumm. Konnte es sein, dass sie wusste, vor wem er davonlief?

Den Haken, mit dem sie die Ringe auf der Herdplatte verschob, kannte er noch. Er hatte damit gespielt, als er klein war.

Du willst essen?, fragte die Mutter.

Essen und schlafen, sagte Gianluca. Wenn das geht.

Weshalb soll es nicht gehen, sagte Mercedes und wandte sich ihm zu. Dein Zimmer gibt es noch.

Das Gesicht seiner Mutter hatte einen weichen Zug, den

er noch nie an ihr wahrgenommen hatte oder an den er sich nicht mehr erinnerte.

Sie sieht aus, als wollte sie sprechen, dachte er.

Und er hatte sich nicht getäuscht. Während sie ihm einen Teller mit Suppe vorsetzte, Brot abschnitt und auf den Tisch legte, ein Glas mit Wein einschenkte und neben seinen Teller stellte, begann sie zu reden. Sie sprach über die Nachbarin, die so schlecht laufen konnte, dass sie es nicht mehr bis in die Kirche schaffte.

Don Raffaele besucht sie nun zu Hause, wenn er Zeit hat. Er hat nämlich oft Zeit, scheint mir. Vielleicht denkt er, sie macht es nicht mehr lange. Die Kirche kann immer Geld gebrauchen. Und wie man weiß, hat Concetta keine Erben. Er wird sich täuschen, der Gute.

Sie lachte ein wenig und goss Wein nach. Sie nahm auch für sich selbst ein Glas aus dem Schrank und schenkte sich ein. An der Art, wie sie trank, als wäre im Glas nicht Wein, sondern Wasser, erkannte Gianluca eine gewisse Routine. Seine Mutter hatte früher nie Wein getrunken.

Hast du den Gemüseladen gesehen? Solche Auswahl hat es früher nicht gegeben. Die Leute, die ihn betreiben, sind nicht von hier. Der alte Anselmo ist tot, und seine Kinder sind wer weiß wo. Die neuen Besitzer kommen aus Messina. Es heißt, sie haben Geld, aber weshalb sie dann hierher kommen, frage ich mich.

Wieso nicht, antwortete Gianluca.

Er redete, um nicht stumm dazusitzen. Das Geschwätz seiner Mutter war ihm egal, ja, in Wirklichkeit war es ihm zuwider. Er hätte sie lieber stumm gehabt, wie früher.

Willst du noch Suppe?, fragte Mercedes.

Gianluca schüttelte den Kopf und schob ihr sein Glas zu. Dabei fuhr er mit der Handkante über die Tischplatte, spürte die Schrunden im Holz und suchte mit den Augen die Stelle, in die er als Kind seinen Namen zu schnitzen versucht hatte. Mehr als die ersten zwei Buchstaben hatte er nicht zustandegebracht, bevor Mercedes ihn erwischt und ihm das Messer abgenommen hatte.

Man sagt, es soll ein Hotel gebaut werden. Und eine Klinik. Eine Klinik für Leute, die bezahlen können. Wer das bauen will, weiß man nicht. Auf jeden Fall Leute, die Geld haben. Ist dir aufgefallen, wie viele Häuser bei uns in der Stadt renoviert worden sind? Die Straßen sehen aus wie Gebisse mit Zahnlücken. Mir waren die alten Häuser lieber.

Sie brach plötzlich ab, und Gianluca wusste, weshalb. Ihr Gerede über die renovierten Häuser hatte sie an Mario erinnert und von ihm wollte sie nicht sprechen.

Im Übrigen, dachte er, hat sie recht. Es fällt wirklich auf, dass viele Häuser aufwendig renoviert worden sind.

Langsam wurde er träge. Er hatte das dritte Glas Wein ausgetrunken und lehnte das vierte ab. Der Herd, die dunkelgelben Wände, der schrundige Küchentisch, die runde dunkle Gestalt seiner Mutter ihm gegenüber hatten ihre klaren Konturen verloren.

Wenn sie alles weiß, dachte er unvermittelt, dann weiß sie vielleicht auch, was eigentlich los ist. Kann doch sein, sie ist deshalb so anders als sonst, weil sie Bescheid weiß. Weshalb frage ich sie nicht einfach?

Als an der Haustür geklopft wurde, zuckten sie beide zusammen. Der Klopfer machte ein dröhnendes Geräusch, sehr laut, sehr aufdringlich, beinahe drohend. Gianluca sah seine Mutter an und sah, dass sie nicht die Absicht hatte aufzustehen und festzustellen, wer vor der Tür war. Sollte er selbst gehen? Aber weshalb? Dies war nicht sein Haus. Niemand wusste, dass er hier war.

Draußen vor der Tür wurde noch einmal der Klopfer betätigt, ausdauernder als zuvor. Seine Mutter rührte sich nicht.

Von außen, dachte Gianluca, müsste das Haus aussehen, als wäre niemand da. Das Fenster der Küche ging auf den kleinen Innenhof. Im Flur brannte kein Licht. Sie warteten. Man konnte nicht hören, ob der Unbekannte vor der Haustür wieder verschwand. Die Tür war dick und ließ die Geräusche, die Füße auf dem Pflaster machen, nicht durch. Eine lange Zeit blieb es still. Anscheinend hatte der Besucher aufgegeben. Gianluca war erleichtert.

In Agrigent, sagte er, und seine Stimme hörte sich ein wenig anders an als vorher, als er noch nüchtern gewesen war, er sprach auch leiser, in Agrigent hat mir im Hotel jemand einen Zettel auf das Bett gelegt.

Er versuchte, sich auf das Gesicht seiner Mutter zu konzentrieren und sah, dass es sich verschloss. Aber er konnte jetzt nicht aufhören. Er hatte das Bedürfnis weiterzureden, seine Angst loszuwerden.

Ich solle aus dem Hotel verschwinden. Ich solle dort nicht schlafen. Hab' ich gemacht. Aber warum? Ich habe keine Ahnung. Weißt du …

Er kam nicht weiter. Seine Mutter war aufgestanden. Mit harten, entschlossenen Bewegungen räumte sie die Gläser und den Suppenteller vom Tisch und stellte die Sachen geräuschvoll in die Abwaschwanne.

Du weißt ja, wo dein Zimmer ist, sagte sie. Natürlich kannst du hier schlafen. Lange wirst du sowieso nicht hier bleiben.

Wozu ist diese alte Frau da, dachte Gianluca, während er vom Tisch aufstand, stehen blieb und ihren Rücken anstarrte. Wozu ist sie da, wenn sie auf die wichtigen Fragen nicht antworten will? Was ist los mit ihr?

Er verließ die Küche und ging durch den Flur auf die Treppe im Hintergrund zu. Die Tür zum Arbeitsraum seiner Mutter stand offen. Er sah den langen Tisch, darauf die alte elektrische Nähmaschine und einen Haufen Stoffe, die, so schien es ihm jedenfalls, noch dieselben waren wie bei seinem letzten Besuch. Auf den Fensterbänken standen billige kleine Figuren aus Glas, ein Strauß angestaubter Papierblumen und eine kleine Muttergottes-Statue aus Porzellan. Plötzlich fiel ihm die elegante Wohnung von Mario und Annabella ein.

Ich werde hier schlafen und dann weggehen, so schnell ich kann, dachte er. Mario – ihn konnte er sich in dieser Umgebung nicht mehr vorstellen.

Gianluca fand sein Zimmer unverändert, bis auf einen großen Spiegel, an der Wand angebracht und ziemlich neu. Wahrscheinlich mussten die Kundinnen seiner Mutter sich davor drehen, wenn sie ihnen ein neues Kleid abgesteckt hatte. Er zog sich aus, legte die Hose, das Hemd sorgfältig auf den einzigen Stuhl und blieb, als er auch die Unterwäsche abgelegt hatte, einen Augenblick lang nackt vor dem Spiegel stehen. Sein Körper gefiel ihm, wie immer, wenn er ihn betrachtete. Er dachte an Carlo, mit dem er seit ein paar Monaten befreundet war, vermisste ihn plötzlich. Seit Wochen hatten sie sich nicht gesehen. Wenn er die Freunde seines Vaters getroffen hätte, würde er so schnell wie möglich nach Palermo zurückfahren. Nicht noch eine zweite Nacht in diesem Haus. Langsam strich er mit den Händen über seine schmalen Hüften. Köche wurden leicht dick, aber erst, wenn sie älter waren. Er hatte noch viel Zeit bis dahin. Er würde sein Leben genießen, mit Carlo oder wem auch immer. Er war schön. Er hatte mit Männern keine Schwierigkeiten.

In der Nacht hatte Gianluca einen Traum, an den er sich noch am Morgen sehr deutlich erinnerte. Er war durch Corleone gelaufen, die Hauptstraße entlang, aber die Straße war menschenleer und auch in den Nebengassen, in die er einbog, war niemand zu sehen. Ihm war nicht klar, weshalb er lief, denn wenn er sich umsah, verfolgte ihn niemand. Es waren seine eigenen Schritte, die er hörte. Schließlich, nachdem er an verschiedenen Türen um Einlass gebeten hatte, rannte er zum Haus seiner Mutter. Er klopfte, hörte deutlich Schritte auf der anderen Seite der Tür, die Tür wurde geöffnet. Es war aber nicht seine Mutter, sondern Annabella, die ihn anstarrte, als habe sie ihn seit Jahren nicht gesehen. Er stand wie angewurzelt und sah hilflos zu, wie sie die Tür langsam wieder schloss. Er sah nach rechts und links, die Straße fiel steil ab und schien glatt zu sein. Als er zu rennen begann, bergab, war ihm, als rückten die Häuser enger zusammen. Sie würden ihn erdrücken, wenn er am Ende der Straße angekommen wäre, aber er konnte nicht stehen bleiben; die abschüssige Straße zog ihn hinunter, und die Häuser rückten zusammen, sodass er keine Luft mehr hatte zum Atmen.

Er war dann wach geworden, heftig atmend. In der Tür, die er am Abend hinter sich geschlossen hatte, stand seine Mutter und starrte zu ihm hinüber. Sie rührte sich nicht, und er wagte nicht, sie anzusprechen. Sie gehörte zu seinem Traum. Mit Träumen redet man nicht. Er hatte die Augen geschlossen. Langsam beruhigte sich sein heftiger Atem. Als er die Augen nach einer Weile öffnete, war die Gestalt in der Tür verschwunden. Er schlief dann wieder ein, aber sein Schlaf blieb unruhig, und am Morgen fühlte er sich müde und zerschlagen.

Seine Mutter erwartete ihn in der Küche. Sie hatte den Herd geheizt und Kaffee gekocht. Es war warm und auf eine Weise gemütlich, die ihn an seine Kinderzeit erinnerte. Auf dem Herd, neben der Feuerstelle, stand die Schüssel mit angewärmtem Wasser, wie damals. Sie hatte noch immer kein Badezimmer, obwohl er sicher war, dass sein Vater noch Geld schickte, sodass es ein Leichtes gewesen wäre, ein Bad einbauen zu lassen.

Wasch dich, sagte sie.

Neben der Schüssel lag ein Handtuch, eins von diesen

Handtüchern, die es eigentlich schon nicht mehr gab: weißes, in Mustern gewebtes Leinen, mit Fransen an den schmalen Enden, die zu einem Muster geknotet waren. Noch bevor er das Handtuch über sein Gesicht und seinen nackten Oberkörper führte, spürte er den Stoff auf seiner Haut und das leichte Kitzeln der Fransen.

Sie saßen dann am Tisch, tranken Kaffee und redeten belangloses Zeug, bis seine Mutter plötzlich sagte: Weshalb bist du gekommen?

Er schwieg einen Augenblick, bevor er antwortete. Es wäre leicht gewesen zu sagen: Weil ich dich besuchen wollte, aber sie hätte ihm nicht geglaubt. Er war gekommen, weil er die Freunde oder Partner von Mario treffen sollte, aber eigentlich war er gekommen, weil er sich fürchtete. Konnte er das sagen?

Lass, sagte sie. Du brauchst nichts zu sagen. Wie lange willst du bleiben?

Heute Abend, sagte Gianluca, heute Abend gehe ich. Ich geh' zurück nach Palermo. Aber dieses Haus kann ich auch früher verlassen. Wenn du willst.

Sie sah ihn an und schwieg eine Weile. Er konnte sehen, dass sie versuchte, sich ein Bild zu machen von der Situation, in der er sich befand.

Ich hab' zu tun, sagte sie schließlich. Du kannst mir bei der Arbeit zusehen. Es kommen wohl auch Kundinnen. Der letzte Satz kam zögernd, und sie sah ihn aufmerksam an.

Sie will testen, ob ich mich verstecken muss, dachte Gianluca.

Die stören mich nicht. Und der Spiegel ist ja sowieso oben.

Jetzt lächelten sie beide, seine Mutter vor Erleichterung.

Ich kann etwas kochen, sagte Gianluca. Ich werde einkaufen und uns etwas kochen.

Seine Mutter antwortete nicht. Sie stand einfach auf und verließ die Küche. Einen Augenblick später hörte er, dass sie die Nähmaschine angemacht hatte. Er blieb sitzen und hörte dem surrenden Geräusch der Maschine zu. Er fühlte sich wie gelähmt. Er hatte nicht die geringste Lust, aufzustehen und in die Stadt zu gehen, um einzukaufen. Sie würde irgendetwas in der Küche haben, was er verarbeiten könnte. Vielleicht würde er auch später nach draußen gehen, wenn es wärmer wäre. Er hätte nicht hierher kommen sollen. Aber jetzt war er hier und irgendwie musste er den Tag herumbringen. Schließlich ging er zu seiner Mutter hinüber. Sie sah nicht auf, als er das Zimmer betrat, aber sie musste ihn gehört haben.

Du kannst das Radio anmachen, sagte sie, ich bin hier gleich fertig.

Bella in Corleone

Das Hotel, das Bella in Corleone gefunden hatte, war so neu gewesen, dass sie keine Lust gehabt hatte, dort einzukehren. Sie beschloss, ein wenig herumzuwandern, bevor sie sich irgendwo für die Nacht einmietete. Dabei würde sie herausfinden, wo Gianluca unterkommen konnte, falls es ihm einfallen sollte, in Corleone zu übernachten. Seine Mutter lebte in der Stadt. Vielleicht würde er dort vorbeigehen. Sie musste die Frau dazu bringen, ihr Bescheid zu geben, sollte der Sohn bei ihr auftauchen. Am besten, sie ginge in einen der Läden und fragte nach dem Haus. Vielleicht hatte sie Glück, und jemand kannte die Frau.

Ein Laden gefiel ihr besonders, weil die Auslagen auf der Straße liebevoll dekoriert waren. Es gab viel Gemüse, aber man bekam auch Wein und Käse, und in einem Korb lagen Brote, die angenehm dufteten. Zwischen Obstkisten stand eine Frau, die vielleicht fünfzig Jahre alt war und ihr freundlich entgegensah.

Eigentlich brauche ich nur eine Flasche Wasser, sagte Bella, ich werde wohl im Hotel essen. Und vielleicht eine kleine Auskunft, mit der Sie mir weiterhelfen könnten.

Sie kommen aus Neapel?, fragte die Frau.

Nein, aus Deutschland, sagte Bella. Aber Italienisch habe ich in Neapel gelernt. Ich dachte, ich spreche die Sprache noch ganz gut?

Ich wollte Sie nicht kränken, antwortete die Frau. Ich hab' nur ein Ohr für Sprache, und die Leute hier sprechen sowieso anders. Außerdem bin ich in Deutschland gewesen, viele Jahre. Die besten Jahre meines Lebens.

Es stellte sich heraus, dass die freundliche Ladenbesitzerin zwanzig Jahre als Fabrikarbeiterin in Stuttgart gearbeitet hatte. Sie sprach gut deutsch und hatte noch immer Freundinnen in Deutschland. Eine von denen würde sie in wenigen Tagen besuchen.

Wir haben ein schönes Gästezimmer, sagte sie stolz.

Bella hatte eine Idee.

Sie vermieten wohl nicht?, fragte sie.

Aber natürlich vermieten wir. Suchen Sie ein Zimmer?

Ich hab' das Hotel gesehen, sagte Bella. Es roch noch so neu. Ich hatte keine Lust, dort einzuziehen.

Das Hotel –, sagte die Frau. Es gibt viel Neues hier.

Sie schwieg, und auch Bella sagte nichts. Sie wartete.

Ich ruf' meinen Mann, sagte die Frau. Er kann eine Weile in den Laden kommen. Wenn Sie wollen, zeige ich Ihnen das Zimmer. Es ist ein Bad dabei, ein kleines, aber Sie hätten es für sich allein. Sie könnten auch mit uns essen, wenn Sie wollen.

Der Mann kam, und es stellte sich heraus, dass er ebenfalls »die besten Jahre seines Lebens« in Deutschland verbracht hatte. Er sprach nicht so gut deutsch wie seine Frau, eigentlich fast gar nicht, aber Bella sprach mit ihm italienisch, und er war von ihr begeistert.

Sie ging hinter der Frau her, die den Hauseingang neben dem Laden betrat. Eine Steintreppe führte nach oben. Die Wohnung über dem Laden war geräumig, aber das Gästezimmer lag noch eine Treppe höher in einem kleinen Anbau auf dem Dach. Der Blick von dort oben über die Stadt gefiel ihr, auch wenn sie in der hereinbrechenden Dunkelheit nur noch die Umrisse der Häuser und die Lichter in den Fenstern wahrnehmen konnte. Das Zimmer war einfach eingerichtet. Ein Bett, ein Nachttisch, ein kleiner Tisch unter dem Fenster und ein Stuhl davor, das war alles. Auf den Dielen lagen ein paar bunte Läufer. Das Fenster hatte einen gelben glänzenden Vorhang. In der kleinen Dusche stand ein Zahnputzbecher.

Ich würde gern hier übernachten, sagte Bella. Zum Essen werde ich noch einmal in die Stadt gehen. Ich suche die Adresse einer Frau, Mercedes Travani. Sie wissen wohl nicht zufällig, wo Frau Travani wohnt?

Mercedes?

Bellas Gastgeberin musterte sie eingehend, bevor sie antwortete.

Sicher kenne ich Mercedes. Sehen Sie hier, der Kittel, den ich anhabe, den hat sie mir genäht. Keine besonders freundliche Frau, das muss ich sagen. Mit der wollen Sie reden?

Eigentlich nicht mit ihr, antwortete Bella, sondern mit ihrem Sohn.

Der wohnt hier nicht mehr, sagte die Frau.

Sie drehte sich um und ging die Treppe hinab. Für sie war das Gespräch beendet. Bella fragte sich, ob sie etwas Falsches gesagt hatte. Sie hätte Gianluca nicht erwähnen sollen. Hoffentlich wurde nun das freundliche Angebot, im Haus zu übernachten, nicht zurückgenommen.

Die Frau ging zurück in den Laden. Wir haben einen Gast, heute Nacht, sagte sie zu ihrem Mann. Mit uns essen will die Dame nicht. Aber einen Kaffee am Morgen werden Sie wohl nicht abschlagen? Damit hatte sie sich wieder Bella zugewandt und sah sie fragend an.

Nein, sicher nicht, sagte Bella, erleichtert, weil sie bleiben konnte. Ich hol mal meine Reisetasche.

Sie ging auf die Straße. Die Frau folgte ihr. Bella blieb stehen und bewunderte kunstvoll aufgestapelte Auberginen.

Via Garibaldi siebzehn, sagte die Frau. Bestellen Sie Mercedes einen Gruß von mir. Vielleicht redet sie dann mit Ihnen. Hier ist der Schlüssel, der kleine ist für die Wohnung. Sie drückte Bella einen Schlüsselbund in die Hand und ging zurück.

Auf dem Rückweg vom Auto kam Bella zufällig an dem Straßenschild mit der Aufschrift »Via Garibaldi« vorüber. Sie ging, die Reisetasche noch in der Hand, die schmale Straße hinunter und blieb vor dem Haus mit der Nummer 17 stehen. Vielleicht war es nicht die richtige Zeit, um einen Besuch zu machen? Aber wann war die richtige Zeit, um einer Frau zu sagen: Wenn Ihr Sohn vorbeikommt, sagen Sie ihm, er soll verschwinden, bevor man ihn umbringt?

Der Türklopfer war aus Messing. Er glänzte, als würde er jeden Tag geputzt. Ein Namensschild war nicht an der Tür. Bella klopfte und wartete eine Weile. Dann klopfte sie noch einmal, diesmal länger und stärker. Aber niemand kam an die Tür. Sie trat ein paar Schritte zurück und betrachtete das Haus. Es war nirgends ein Lichtschein zu sehen, und doch hätte sie wetten mögen, dass jemand zu Hause war. Sollte sie noch einmal klopfen? Sie sah sich um. Ein Stückchen weiter die Straße hinauf standen zwei alte Männer und beobachteten sie. Aus einem Fenster im Haus neben dem der Travani sah eine Frau zu ihr herüber. Woher kamen diese Leute plötzlich? Sie würde die Nachbarn zusammenholen, wenn sie noch länger stehen bliebe, noch einmal klopfte. Sie ging über die Straße auf die Frau zu, die aus dem Fenster lehnte.

Wissen Sie, ob Ihre Nachbarin zu Hause ist? Sie kennen doch sicher Gianluca? Ist er gekommen?

Die Frau sah sie schweigend an und hob dann ihren Oberkörper vom Fensterbrett. Sie trug etwas, das ein Nachthemd sein konnte, und hatte einen grauen Schal um ihre Schultern geworfen. Einen Augenblick lang blieb sie aufrecht stehen, bevor sie das Fenster schloss.

Dann eben nicht, murmelte Bella.

Sie ging langsam die Straße hinauf. Die alten Männer waren verschwunden. Es war kein Leben in der Stadt, überhaupt kein Leben. Ihre Wirtsleute traf sie nicht, nur der Fernseher war deutlich zu hören. In ihrem Zimmer stand auf dem Tisch am Fenster eine geöffnete Flasche Rotwein neben einem Glas. Sie stellte die Tasche auf das Bett und suchte nach einem Buch. Leonardo Sciascias »Man schläft bei offenen Türen« schien ihr die richtige Lektüre zu sein für den Abend in einer Stadt, die sich vor ihr verschloss.

Luigi

Es war Luigi, dem zuerst auffiel, dass im *Da Capo* etwas anders geworden war. Er arbeitete am längsten von allen mit Mario zusammen, beinahe von Anfang an. Vielleicht hatte er deshalb ein besonderes Gespür für die Stimmungen, für die Atmosphäre im Restaurant entwickelt. Dabei kamen die gleichen Gäste wie immer: Stammgäste und gutbetuchte Touristen, kleine, feine Gesellschaften, junge Paare, die sich aus besonderem Anlass etwas Besonderes leisten wollten. Die Freundin von Annabella kam nicht mehr. Auch Paola war nicht mehr da, aber es lag auch nicht daran, dass diese beiden Frauen nicht mehr auftauchten. Nein, Mario und Annabella waren anders als sonst. Sicher, Mario ging wie immer zwischen den Tischen umher, scherzte, zeigte stolz seine Bilder, pries besondere Gerichte, erkundigte sich nach dem Wohlbefinden seiner Gäste. Wer ihn nicht gut kannte, stellte wahrscheinlich keine Veränderung an ihm fest. Aber Luigi sah, dass Mario hastiger herumlief, dass er sich anstrengen musste, um die Scherze zu machen, die ihm sonst so leicht über die Lippen kamen, dass er wohl über das eine oder andere Bild sprach, niemals aber über den nackten Jüngling, der, schlafend oder tot, seinen schönen Körper dem Betrachter darbot. Auch in der Küche, die darauf eingerichtet war, zumindest an jedem dritten Tag neue Anweisungen für eine besondere Spezialität zu erhalten, wunderten sie sich. Marios Einfallsreichtum schien versiegt zu sein, oder sein Interesse an einer ausgeklügelten Speisekarte war versiegt. Die Köche waren routiniert genug, auch ohne seine Anweisungen etwas Besonderes zu kochen. Und Mario, der die Vorschläge seiner Leute für die Tafel im Restaurant fast immer bis in jede Kleinigkeit überprüft und diskutiert hatte, schien damit zufrieden zu sein. Er nahm sich nicht mehr so viel Zeit wie sonst. Und was tat er stattdessen?

Luigi hatte ihn ein paar Mal dabei beobachtet, wie er auf dem Hof in seinem Alfa Romeo saß und einfach nicht ausstieg. Er schien auf etwas zu lauschen oder zu warten. Aber Luigi war sicher, dass Mario nicht das Radio eingeschaltet hatte. Vielleicht dachte er über etwas nach. Vielleicht war das Getriebe im Restaurant seinen Gedanken abträglich. Luigi kannte seinen Chef so nicht.

Weshalb spielt er den Philosophen?, dachte Luigi. Das passt nicht zu ihm, und auf die Dauer ist es geschäftsschädigend.

Auch Annabella hatte sich verändert. Aber während Mario ruhiger und abwesender zu sein schien, wirkte Annabella geradezu überdreht. Sie, deren besonderer Charme bisher gerade in ihrer beinahe majestätischen Ruhe gelegen hatte, benahm sich wie ein kicherndes Mädchen. Natürlich war sie noch immer in der Lage, vor den Gästen zu repräsentieren, aber Luigi entging nicht, wie sie, wenn sie sich unbeobachtet glaubte, mit Mario kicherte und schäkerte, als wäre sie nicht fünfzig, sondern siebzehn Jahre alt. Auch mit ihm, Luigi, sprach sie in diesem neckischen Ton, wenn sie, nachdem der letzte Gast gegangen war, an die Bar kam, und ihr Glas Champagner verlangte.

Wie lange kennen wir uns, Luigi?, fragte sie und setzte hinzu, zwanzig Jahre, mindestens zwanzig Jahre. Darauf wollen wir trinken, Luigi. Sie gehören zum Inventar, mein Lieber. Wie schön, dass wir Sie haben.

Noch vor kurzer Zeit war es so gewesen, dass er Annabella manchmal, während sie noch an der Kasse saß, die Tür aber schon abgeschlossen war, ein Glas Rotwein gebracht hatte. Freundlich, manchmal ein bisschen zerstreut, weil sie mit der Abrechnung beschäftigt war, hatte sie ihm gedankt und das beinahe noch volle Glas am Ende mit in die Wohnung genommen. Gute Nacht, Luigi, hatte sie dann lächelnd gesagt, während sie an ihm vorüberging. Und er hatte ihr nachgesehen und war tatsächlich ein wenig stolz darauf gewesen, dass sie seine Chefin war.

Und jetzt? Mario ein zerquälter Philosoph und Annabella eine überdrehte, alternde Frau. Früher war ihm nie der Gedanke gekommen, dass Annabella eine alternde Frau sein könnte.

Was glaubst du, Luigi, werdet Ihr einen Abend ohne uns auskommen? Du übernimmst die Kasse?

Sicher, Chef, antwortete Luigi.

Er warf einen prüfenden Blick über sein Reich hinter der Bar. Alles war in Ordnung. Nichts fehlte. Er brauchte nur dem Kleinen Bescheid zu sagen, den er für besondere Fälle eingearbeitet hatte.

Falls die Leute fragen: Ich hab' Annabella eingeladen. Sag ihnen, wir haben Hochzeitstag, irgendwas, egal. Wir haben einen freien Abend nötig.

In Ordnung, Chef, sagte Luigi. Und das Restaurant?

Primo weiß Bescheid. Er ist noch in der Küche. Er wird gleich da sein.

In Ordnung, Chef, antwortete Luigi noch einmal. Es war wirklich alles in Ordnung. Sie würden die Arbeit schon schaffen, auch wenn nichts in Ordnung war.

Und morgen?, fragte er.

Was, morgen? Einen Abend, hab' ich gesagt. Morgen geht's weiter wie immer.

Die letzten Worte hatte Mario schon im Gehen gesprochen. Luigi sah ihm nach.

Er hüpft nicht mehr, dachte er. Früher ist er herumgesprungen wie ein Ball. Jetzt geht er, als laufe er hinter einem Sarg her. Irgendetwas hat er doch, was ihm Kummer bereitet. Soll ich ihn fragen, wenn sie ihren gemeinsamen Abend hinter sich haben? Vielleicht gibt es die große Aussprache, und dann ist alles wieder in Ordnung. Wär' schön, aber ich glaub' nicht dran.

Die Tür zur Küche ging auf, und Primo erschien. Im ersten Augenblick erkannte Luigi ihn nicht. Er trug einen dunklen Anzug, und selbstverständlich fehlte die Kochmütze.

Na, dann schmeißen wir mal den Laden, sagte er. Was glaubst du, kommen sie wieder zu sich, oder soll das Theater so bleiben?

Was für ein Theater?, fragte Luigi.

Er war fünf Jahre länger im *Da Capo*, und obwohl er wusste, dass Primo in Ordnung war, hatte er das Gefühl, den Chef und seine Frau in Schutz nehmen zu müssen.

Tu nicht so. Du weißt genau, was ich meine, antwortete Primo. Er ging an ein Fenster und sah auf die Straße. Vor der Tür des Restaurants stand der Wagen von Mario. Annabella und Mario standen daneben und unterhielten sich leise. Ihre Gesichter wirkten ernst und angespannt.

Na, denn. Einen schönen Abend, die Herrschaften, sagte Luigi.

Er war neben Primo getreten. Gemeinsam sahen sie zu, wie Mario seiner Frau die Tür aufhielt, sie hinter ihr schloss, um das Auto herumging, einstieg und abfuhr. Die beiden wandten sich ab.

Ich sag dem Kleinen Bescheid, sagte Luigi.

Er blieb stehen und sah auf die Wand, die der Eingangstür zum Restaurant gegenüberlag. Auch Primo blieb stehen.

Siehst du, was ich sehe?, fragte er.

Der Jüngling ist weg, sagte Luigi, der verdammte Gianluca.

Annabella und Mario: Hass und Liebe

Gianluca, sagte Mario, hat er dich angerufen? Ich dachte, er würde sich melden.

Aus den Augenwinkeln beobachtete Mario seine Frau. Sie fuhren über die Elbchaussee. Es kamen ihnen nur wenige Autos entgegen. Es war nicht nötig, sich übermäßig auf den Verkehr zu konzentrieren.

Bei mir anrufen. Das wird er gerade tun, antwortete Annabella mit unterdrücktem Lachen.

Hat sie gekichert?, dachte Mario. Es ist nicht ihre Schuld, dass der Junge durchgedreht ist. Es muss meine Schuld sein. Er hat keinen Respekt vor mir gehabt, sonst wäre es ihm nicht eingefallen, Annabella zu belästigen.

Eine Weile blieben beide stumm. Sie aßen nie in der Stadt, wenn sie zum Essen ausgingen. Mario war zu bekannt bei den Kollegen. Wenn sie ausgingen, wollten sie allein sein. Niemand sollte an ihren Tisch kommen und sie überschwänglich begrüßen. Es kam nicht oft vor, dass sie das Restaurant abends allein ließen. Eigentlich nur an den Hochzeitstagen und wenn Annabella Geburtstag hatte. Mario machte sich nichts aus seinem Geburtstag. Aber er liebte Annabella. Er würde alles für sie tun. Mario nahm die linke Hand vom Steuer des Wagens und legte sie auf Annabellas Schenkel. Was war mit ihr? Weshalb streckte sie sich nicht unter seiner Hand, räkelte sich ihm nicht ein wenig entgegen, sah geradeaus, wandte ihm nicht ihr Gesicht zu?

Mario nahm die Hand wieder ans Steuer. Er hatte zu lang gewartet. Sie hätten schon viel früher einen Abend für sich haben sollen. Wofür arbeiteten sie denn? Nur für die Gäste?

Was denkst du, nehmen wir ein paar Tage frei. Fliegen wir nach London. Du kaufst ein bisschen ein. Abends gehen wir ins Konzert. Und morgens bleiben wir so lange im Bett, bis das grässliche englische Frühstück vorüber ist.

Ganz am Anfang ihrer Ehe waren sie zusammen in London gewesen. Damals hatten sie sich noch kein gutes Hotel leisten können. Mit Entsetzen hatten sie auf den pappigen Toast, die glibberigen Spiegeleier und die Bohnen gesehen, die in einer undefinierbaren Soße schwammen. London und dieses Frühstück waren seitdem immer Anlass für ein Lachen zwischen ihnen gewesen. Eigentlich frühstückten sie gar nicht, aber damals hatten sie sich etwas Besonderes gönnen wollen. Auch ihr Lachen war besonders gewesen, glücklich eben. Jetzt lachte Annabella, kichernd, wie sie es seit ein paar Tagen tat. Er mochte dieses Kichern nicht. Wieder sah Mario sie an. Etwas an ihr war anders als sonst. Er würde herausfinden, was los war. Frauen waren manchmal kompliziert. Ob sie wusste, dass das Problem Gianluca sich in den nächsten Stunden von selbst erledigen würde? Nein, das konnte sie nicht wissen. Ahnen vielleicht, aber nicht wissen.

Wenn er wüsste, wie wenig Lust ich habe, etwas zu essen, dachte Annabella. Wenn er wüsste, wie wenig Lust ich habe, ihm gegenüberzusitzen und ihm dabei zuzusehen, wie er isst und trinkt. Diese Bewegung mit der Zunge, wenn er eine Speise kostet, der Blick zur Decke, wenn er sich den Wein in den Schlund laufen lässt, am Gaumen entlang und dabei die Lippen bewegt, um auch ja den letzten Tropfen zu kosten, der dort hängen geblieben sein könnte. Er hat mich mit Absicht nach Gianluca gefragt. Er will mir zeigen, dass er die Sache im Griff hat. Er lässt ihn umbringen und schmatzt dabei Pasta mit Trüffeln.

Einen Augenblick lang spannte sich ihr Körper vor Hass. Ihre Hände krampften sich um die Tasche, die sie auf dem Schoß hielt.

Wir werden darüber reden, sagte Mario.

Worüber werden wir reden?

Das Hotel. Wir werden genau überlegen, welches Hotel für uns in Frage kommt. Vielleicht auch nicht London? Vielleicht eins dieser Schlösser auf dem Land? Du kaufst dir diese Jacke und die Stiefel, wie sie die Königin anhat, wenn sie aufs Land fährt. Du wirst nur viel schöner aussehen damit. Meine Königin.

Weshalb fahren wir gerade heute zum Essen?, dachte Annabella. Gianluca ist vor sechs Tagen abgereist. Vielleicht ist heute der Tag, den er sich ausgesucht hat, um seinen Sohn ermorden zu lassen. Er weiß nicht, dass ich Bella hinter ihm hergeschickt habe. Er weiß nicht, dass man ihm ins Handwerk pfuschen wird. Er hält sich für klug. Er denkt, er wäre im Recht mit dem, was er tut.

Sie dachte zurück an das Gespräch mit Mario, als sie versucht hatte, ihn von der Rache an Gianluca abzubringen. Sie hatte nur eine Vermutung gehabt und war deshalb sehr vorsichtig gewesen. Das hatte Mario die Antwort leicht gemacht.

Du hast ein großes Herz, hatte er gesagt. Aber das verstehst du nicht. Gianluca ist erwachsen. Er kann für das einstehen, was er getan hat. Zerbrich dir nicht den Kopf über ihn, sei froh, dass er dich nicht mehr belästigen wird.

Damit war für ihn die Sache erledigt gewesen.

Bella hatte versprochen anzurufen, sobald sie Gianluca getroffen und ihm das Geld gegeben hätte. Noch war kein Anruf gekommen. Sie war aber sicher, dass sie sich auf Bella verlassen konnte.

Wohin fahren wir?, fragte sie, um überhaupt etwas zu sagen. Sie spürte die Anstrengung, die sie die harmlose Frage kostete. Sie hatte das Bedürfnis zu schreien. Stattdessen ließen ihre Finger den Verschluss der Tasche auf- und zuschnappen.

Was hältst du von Glückstadt?

Machte er das mit Absicht? Wollte er sich lustig machen über sie? Glück! Nein, er sah aus wie immer, ehrlich bemüht, ihr einen Gefallen zu tun.

Es gibt dort ein neues Hotel, sagte Mario, sie sollen eine herausragende Küche haben. Fisch, vermutlich. Lass uns probieren, was die Deutschen unter »herausragend« verstehen.

Annabella antwortete nicht. Sie sah geradeaus. Es war nun dunkel. Nur hin und wieder kamen ihnen die Scheinwerfer eines Autos entgegen.

Musik?, fragte Mario.

Er fingerte am Armaturenbrett herum. Sie wusste, welche Musik er meinte. Gianna Nannini, natürlich. Im Auto hörte er nur Gianna Nannini. Die hatte sie auch einmal gemocht. Ihr Magen krampfte sich zusammen, als sie das erste Lied hörten: »Due ragazze in me«.

Mario fuhr schneller, seit er die Musik angemacht hatte. In ihm war eine gespannte Erwartung. Und er war froh, dass Annabella neben ihm saß. Sie hatte sich für ihn entschieden. Jetzt quälte sie sich mit einem schlechten Gewissen, weil sie sich alles Mögliche ausmalte, was mit Gianluca geschehen könnte. Das aber ging sie nichts an. Er, er selbst hatte sich eine Nacht lang gequält, nachdem Annabella ihm von Gianlucas Frechheit erzählt hatte. Für ihn hatte von vornherein festgestanden, auf welche Weise die Sache gelöst werden musste. Aber es hatte ihm wehgetan, den Sohn zu verlieren. Gewiss, Gianluca war nicht ganz so, wie er sich seinen Nachfolger vorgestellt hatte. Wahrscheinlich war es falsch gewesen, den Jungen so lange in der Obhut seiner Mutter zu lassen. Aber von den Kollegen in Palermo hatte er nur Gutes über ihn gehört. Und auch die wenigen Aufträge, bei denen er in den letzten Jahren für ihn, Mario, tätig geworden war, hatte er mit Bravour erledigt. Er konnte nicht sagen, dass er Gianluca liebte. Dafür hatten sie zu wenig Kontakt miteinander gehabt. Er liebte Annabella, und hätte sie ihm einen Sohn geboren, wäre Gianluca wohl für immer in Palermo geblieben. Aber Annabella und er bekamen keine Kinder. Also hatte er sich irgendwann an seinen Sohn erinnert. Er wusste noch genau, wie sehr ihm dieser Sohn gefallen hatte, als er zum ersten Mal aufgetaucht war; ein gut aussehender junger Mann, freundlich, mit ungewöhnlich guten Manieren. Die allermeisten Köche, die er kannte, waren nur in der Küche zu ertragen. Man konnte sie einfach nicht auf ein elegantes Publikum loslassen. Einen sehr guten Koch gab es durchaus als Anwärter zur Übernahme des Restaurants. Aber um ein Restaurant der Spitzenklasse zu führen, genügte es eben nicht, ein ausgezeichnetes Salmi di camoscio herstellen zu können. Man musste eine Vorstellung davon haben, was man seinen Gästen bieten wollte. Man musste fähig sein, diese Vorstellung umzusetzen und die dafür geeigneten Leute zu finden. Man musste freundlich sein und auf die Gäste eingehen. Und man musste in der Lage sein, sich ihrer Anbiederungen zu erwehren. Respekt mussten die Gäste haben und sich trotzdem wohlfühlen. Das alles hatten Annabella und er sich im Laufe der Jahre angeeignet. Ihm war nichts in die Wiege gelegt worden. Annabella schon eher. Von ihr hatte er gelernt, wie wichtig der richtige Anzug ist, weshalb es klug ist, eine bestimmte Lautstärke im Umgang mit den Gästen nicht zu überschreiten, und weshalb eine bestimmte Sorte von Witzen auch nach Mitternacht an der Bar nicht in Frage kommt. Das erste Restaurant, das sie zusammen aufgemacht hatten, war sehr schnell bekannt geworden. »Mario kann kochen«, hieß es, und es kamen viele Leute. Aber es waren eben nicht die Leute, die Annabella und er sich vorgestellt hatten. Auch dass sie dann in eine andere Stadt gegangen waren, hatte er Annabella zu verdanken, dass sie noch einmal von vorn angefangen hatten, die Fehler vom Anfang vermieden und zusehen konnten, wie ihr Restaurant bekannt und berühmt wurde; diesmal bei den richtigen Leuten. Wahrscheinlich wäre es ewig so weitergegangen, wenn ihn nicht vor drei Jahren plötzlich diese Herzgeschichte erwischt hätte. Als es ihm wieder besser ging, war es Annabella gewesen, die ihn an seinen Sohn in Palermo erinnerte, ein Koch, den man sich doch einmal ansehen könne. Und ansehnlich war er ja dann auch gewesen, der verdammte Gianluca. Er hatte es ihnen leicht gemacht, ihn in ihr Herz zu schließen. Seine, Marios, Schuld war es nicht, dass er ihn nun wieder herausreißen musste.

Ich hab' Durst, sagte Annabella neben ihm.

In einem ordentlichen Hotel wird es auch ordentlichen Champagner geben, antwortete Mario. Wir sind gleich da.

Der Speiseraum, den sie betraten, war leer. Er war groß, die Tische und Stühle waren so angeordnet, dass die Gäste am Tage durch eine lange Glaswand auf die Elbe sehen konnten. Jetzt stand vor der Glaswand die Dunkelheit.

Manchmal, sagte der Kellner, der sie zu einem Tisch in der Mitte der Glaswand führte, sieht man auch abends noch Schiffe vorüberfahren. Das sieht dann besonders schön aus.

Annabella war abgestoßen von dem leeren Raum, den geschmacklosen, buntbezogenen Stühlen und den Töpfchen mit Papierblumen auf den Tischen. Hier würde sie nicht essen. Sie wollte überhaupt nicht essen. Sie wollte sich betrinken. Mario bestellte eine Flasche Champagner und begann, die Speisekarte zu studieren. Annabella beobachtete ihn.

Das liest er, als sei es die Bibel, dachte sie. Er seufzt, wenn er eine besonders fromme Stelle erwischt hat.

Hechtschaumklößchen?, fragte Mario.

Sie hatte das zweite Glas Champagner geleert.

Weshalb nicht, sagte sie und schob ihm das leere Glas hin. Er hat wenig Haare, dachte sie. Klöße in den Ohren würden ihm gut stehen. Sie kicherte, während sie das Glas aus Marios Hand entgegennahm.

Was ist, Liebling?, sagte Mario. Du siehst überhaupt nicht lustig aus. Was ist mit dir? Gefällt es dir hier nicht? Sollen wir die Zimmer ansehen? Wir müssen hier nicht bleiben.

Weshalb nicht?, fragte Annabella. Ruf an und sag ihnen, sie sollen den Jungen in Ruhe lassen.

Jetzt kicherte sie nicht mehr. Ihre Haare hatten sich ein wenig gelöst. Eine dunkle Strähne hing ihr ins Gesicht. Sie sprach langsam und verzerrte dabei den Mund, als fiele es ihr schwer, die Worte hervorzubringen.

Ruf an, wiederholte sie. Du hast das Telefon dabei. Wir können nicht – wir können einfach nicht –, sie brach ab und begann zu weinen. Ihr Mund blieb offen und verzerrt. Die Tränen liefen langsam aus den aufgerissenen Augen. Sie saß ganz still, so als fürchtete sie, ein Unglück auszulösen, wenn sie sich bewegte.

Mario schüttelte langsam den Kopf. Sprich nicht von Dingen, die du nicht verstehst, sagte er. Niemand wird ihm etwas tun.

Annabella starrte ihn ungläubig an. Weshalb sagte er das? Wollte er sie beruhigen? Natürlich wollte er das. Er wollte keine Szene. Er wollte sie friedlich und freundlich und bereit, mit ihm in eines von diesen mit Sicherheit grässlichen Zimmern in diesem grässlichen Hotel zu gehen. Er wollte, dass alles so wäre wie früher. Er hatte keine Ahnung, weshalb nichts mehr so war. Er liebte sie, und damit war für ihn alles in Ordnung. Und hatte er nicht jedes Recht, so zu denken? Sie versuchte, sich zusammenzunehmen.

Gib mir dein Taschentuch, sagte sie leise.

Mario und sein Taschentuch würden immer da sein, wenn sie sie brauchte. Sie war fünfzig und Gianluca gerade dreißig. Es hätte doch niemals einen Sinn gehabt, sich mit ihm zusammenzutun.

Nach London, sagte sie leise.

Mario nahm das feuchte Taschentuch zurück und lächelte ihr zu. Siehst du, sagte er, das Leben hat wunderbare Seiten, das weißt du doch. Wir werden uns nichts mehr entgehen lassen. Sollen wir noch?

Er zeigte auf die leere Champagnerflasche und winkte dem Kellner, der sich ein paar Meter von ihnen entfernt aufgestellt hatte und wartete. Er kam an den Tisch, nahm den Kübel mit der leeren Flasche und entfernte sich. In Marios Jackentasche klingelte das Telefon. Annabella lehnte sich zurück und beobachtete ihn, während er das Handy suchte, einen Blick auf die Anzeige warf und es an sein Ohr hielt.

Pronto?, sagte er.

Wenn er innerhalb Deutschlands telefoniert, sagt er nie »pronto«, dachte sie.

Mario sprach nicht. Er hörte nur zu.

Grazie, sagte er, schaltete das Handy aus und steckte es in seine Jackentasche. Sein Gesichtsausdruck hatte sich verändert. Er sah Annabella an.

Du hast deine Freundin nach Corleone geschickt, sagte er. Das hättest du nicht tun dürfen. Sie ist tot.

Tödliche Schüsse

Am Morgen zuvor hatte Bella noch einmal einen Versuch unternommen, Frau Travani zu treffen. Nicht zu früh allerdings, sie kannte sich nicht aus mit den Gewohnheiten der Leute hier und wollte die Frau nicht aus dem Bett holen. Ihre Wirtin brachte ihr gegen zehn Uhr eine Kanne mit Kaffee und ein Hörnchen. Sie war froh, dass sie schon aufgestanden war. Es wäre ihr unangenehm gewesen, im Bett zu liegen, während unten im Haus schon gearbeitet wurde. Sie bedankte sich und lud die Frau zu einem Schwätzchen ein, aber die verschwand so schnell, wie sie gekommen war. Der Laden sei schon geöffnet und ihr Mann unterwegs, um Ware zu holen.

Wenn Sie nach unten kommen, bleiben Sie ein Weilchen bei mir. Es wird nicht viel los sein, aber da sein muss ich, sagte sie lächelnd.

Bella trank und aß, sah dabei über die Dächer der Stadt und fühlte sich prächtig. Sie hatte in der Nacht den Sciascia zu Ende gelesen und dabei etwas darüber gelernt, wie raffiniert sich die Cosa Nostra auch während der Zeit des Faschismus am Leben gehalten hatte, obwohl es das erklärte Ziel Mussolinis gewesen war, sie zu beseitigen. Faschistische Regierungen duldeten keine anderen Organisationen neben sich, und bis zu einem gewissen Grad war es wohl auch gelungen, die Mafia in den Untergrund zurückzudrängen und verschwinden zu lassen. Wie ein kleines Wunder war sie dann nach 1945 wieder aufgetaucht – ein Wunder allerdings wohl nur für die, die an ihr endgültiges Verschwinden geglaubt hatten.

In ihrem Gepäck fand sich noch der berühmte »Leopard« von Giuseppe Tomasi di Lampedusa. Ein nicht näher definiertes Gefühl der Ablehnung oder Distanz hatte sie seit Jahren davon abgehalten, den Roman zu lesen, der lange in ihrer Bibliothek gewesen war. Nun hatte sie die gerühmte, neue Übersetzung mit dem, wie sie fand, unmöglichen Titel »Der Gattopardo« dabei und würde sich als Nächstes damit beschäftigen. Vor ihrem Trip nach Palermo, wo der Fürst seinen Palazzo gehabt hatte, war das sicher die richtige Lektüre. Sie freute sich darauf, aber vorher war noch das Schwätzchen mit der Wirtin unten im Laden vorgesehen und der Besuch bei Frau Travani.

Die Wirtin – nennen Sie mich Francesca, und ich sage Bella zu Ihnen – freute sich. Während sie damit beschäftigt war, die verschiedenen Käsesorten auf ihren Zustand zu untersuchen, hier und da ein Stückchen abzuschneiden, das nicht mehr ansehnlich war, und dunkle Weintrauben zwischen die Käsestücke zu legen, erzählte sie bereitwillig, was sie über das Leben in Corleone wusste.

Mein Mann will nicht, dass ich davon spreche, sagte sie. Hier spricht niemand mehr davon. Es ist, als wäre nichts gewesen. Aber wozu steht dann das Denkmal in Palermo? Ich habe es mit eigenen Augen gesehen. Und Sie werden es sich bestimmt auch ansehen. Al Caduti nella Lotta contro la Mafia – den Opfern im Kampf gegen die Mafia. Weiß der Himmel, ob damit auch die gemeint sind, die in Corleone umgebracht wurden. Aber weshalb nicht. Das waren ja nicht alles Verbrecher. Wir sind im Dezember 1982 hierher gekommen. Als ich erfuhr, dass man kurz vorher, am 30. November, in der Stadt zwölf Männer erschossen hatte, nicht alle auf einmal, sondern hübsch nacheinander und an verschiedenen Ecken, hab' ich zu meinem Mann gesagt, lass uns woandershin gehen. Ich will hier nicht bleiben. Aber wir hatten den Laden schon gemietet, nicht diesen, einen kleinen Laden, wir wollten ja selbst ein Haus bauen, und das Grundstück hatten wir auch schon. Also hat er zu mir gesagt: Francesca, wir haben uns nichts zuschulden kommen lassen. Wir haben hier keine Feinde. Und wenn jemand kommt und will von uns …

Francesca unterbrach ihren Redestrom und sah kurz auf. Bella ahnte, was sie beinahe gesagt hätte, aber nun lieber doch nicht sagen wollte, und half ihr über die kleine Verlegenheit hinweg. Ich weiß, sagte sie, das kann man neuerdings alles in den Geschichtsbüchern nachlesen. Aber inzwischen ist doch auch hier Ruhe eingekehrt.

Inzwischen ja, antwortete Francesca. Gott sei Dank. Aber damals … na ja, ich will Sie nicht langweilen. Ist vielleicht auch wirklich besser, man redet nicht mehr davon. Was haben Sie vor, wollen Sie noch einen Tag hierbleiben? Eigentlich hat der Ort nicht viel zu bieten, wissen Sie.

Aber wieso? Ich hab' doch ein hübsches Zimmer, sagte Bella und lachte. Ich möchte noch einmal bei Frau Travani vorbeigehen. Sie hat gestern nicht aufgemacht.

Das hätte ich Ihnen gleich sagen können. Aber versuchen Sie es nur. Tagsüber hat sie ja auch Kunden. Gefällt Ihnen der Vorhang in Ihrem Zimmer?

Bella nickte, obwohl sie sich nicht genau erinnerte, wie der Stoff aussah, der vor ihrem Fenster hing. Sie schlief, ohne die Vorhänge zuzuziehen.

Mercedes, sagte Francesca stolz. Nähen kann sie, und Geschmack hat sie auch.

Später verließ Bella den Laden und ging in die Via Garibaldi. Sie schlenderte an den Fenstern des Hauses Nummer 17 vorüber und sah eine Frau an einer Nähmaschine sitzen, dahinter, sehr deutlich, die Gestalt eines jungen Mannes, der durchaus Gianluca sein konnte. Diesmal bewegte sich auf ihr Klopfen jemand hinter der Tür. Ein Riegel wurde zur Seite geschoben und die Tür geöffnet. In der Öffnung stand eine kleine, rundliche, ältere Frau, die Stecknadeln im Mund hatte und Bella fragend ansah. Bella stellte sich vor.

Hm?

Die Frau trug eine Brille, eine Kassenbrille, hätte man früher gesagt, jedenfalls ein Gestell, das es schon lange nicht mehr gab. Sie hatte ihre Haare unordentlich hochgesteckt, Strähnen hingen in die Stirn und über den Ohren.

Ich würde gern einen Augenblick mit Ihnen sprechen. Darf ich hereinkommen?

Die Frau nahm die Nadeln aus dem Mund und runzelte abweisend die Stirn. Um ihren Mund lag ein harter, hochmütiger Zug. Im Innern des Hauses fiel eine Tür zu.

Warum?, fragte die Frau.

Sie hielt die Stecknadeln in der flachen Hand und schloss die Finger darüber, als wollte sie die Nadeln vor neugierigen Blicken schützen.

Es geht um Ihren Sohn, Gianluca, sagte Bella.

Er ist nicht da, sagte die Frau.

Das ist mir im Augenblick egal, antwortete Bella. Hören Sie: Ich bin seinetwegen aus Deutschland gekommen. Wenn ich ihn nicht finde, kann ich auch mit Ihnen reden. Es ist wichtig.

Die Frau drehte sich wortlos um, ließ die Tür aber offen, und Bella folgte ihr über einen dunklen Flur in das Zimmer, das sie von draußen gesehen hatte. Auf einem langen Tisch stand eine Nähmaschine. Stoffe lagen herum. Eine zweite Person war nicht im Zimmer. Die Frau setzte sich an die Nähmaschine und wandte Bella den Rücken zu. Sie nahm ein Stück Stoff in die Hand und begann, einen Saum abzustecken. In ihrer Linken hielt sie dabei den Stoff und mit der Rechten griff sie in eine Dose mit Nadeln. Dabei spreizte sie ihre Ellbogen vom Körper ab, sodass ihre Bewegungen merkwürdig eckig wirkten. Bella sah ihr zu und überlegte. Sollte sie der Alten das Geld geben, das für Gianluca bestimmt war? Aber vielleicht hatte sie sich getäuscht und der Junge war gar nicht hier?

Er ist in Palermo, sagte die Frau.

Ist er hier gewesen?, fragte Bella.

Die Frau wandte sich Bella zu. Nichts, auch nicht der leiseste Schimmer von Interesse, war in ihrem Gesicht zu erkennen.

Aus Deutschland, sagte sie. Was von dort kommt, hat keinen Platz in meinem Haus.

Sie nahm ihre Arbeit wieder auf. Für sie war das Gespräch beendet.

Bella hatte einen Entschluss gefasst. Sie drehte sich um und ging zur Haustür, ohne sich zu verabschieden.

Sagen Sie ihm, wenn Sie ihn sehen sollten, dass ich ihn sprechen möchte. Es ist wichtig. Ich bleibe noch bis morgen, sagte sie. Später fiel ihr ein, dass sie vor Ärger über die ablehnende Haltung der Frau vergessen hatte, ihre Adresse anzugeben.

Ach was, dachte sie, die wird sich in diesem Kaff schneller herumsprechen, als ich gehen kann.

Sie machte einen ausführlichen Spaziergang durch den Ort, besuchte schmucklose Kirchen, saß eine Weile neben alten Männern auf einer Bank am Marktplatz, kam an einer Autowerkstatt vorüber, die in einer Garage untergebracht war und deren Besitzer neben einem aufgebockten Auto in einem Liegestuhl lag und schlief. Schließlich trank sie in verschiedenen Bars verschiedene Gläser Rotwein. Dann entschied sie, sich ausreichend gezeigt zu haben, und trödelte zurück in ihre Unterkunft. Francesca stand im Laden und unterhielt sich mit zwei jungen Frauen. Bella unterbrach die drei, erklärte Francesca, dass sie morgen abreisen würde, und ging in ihr Zimmer. Sie würde ein wenig schlafen, dann lesen und abends, sollte sich bis dahin niemand bei ihr gemeldet haben, noch einmal das Haus der Travani aufsuchen. Sie wusste nicht genau, was sie sich davon versprach, aber vielleicht hatte sie Glück und konnte Gianluca abpassen, wenn er das Haus verließe. Denn dass er dort war, stand für sie außer Frage, und dass er am Tage weggehen würde, schien ihr unwahrscheinlich; es sei denn, er hätte sie aufsuchen wollen. Aber Gianluca kam nicht.

Als es dunkel geworden war, verließ Bella das Haus. Der Nachmittag war so verlaufen, wie sie es sich vorgestellt hatte. Nur »Der Leopard« war eine Enttäuschung gewesen. Dass Sizilien bis vor sehr kurzer Zeit ein rückständiges Land gewesen war, dessen Einwohner in ihrer übergroßen Mehrzahl nur dazu da zu sein hatten, den Reichtum seiner Adelsklasse zu vermehren, war eine Tatsache. Hunger und Krankheiten und Analphabetentum waren der Lohn gewesen. (Und übrigens auch ein guter Nährboden für die Ausbreitung krimineller Strukturen.) Die Paläste, Landhäuser und Stadthäuser der Adeligen sprachen eine beredte Sprache. Sie hatte erwartet, dass der Autor des »Leoparden«, selbst ein Angehöriger dieser Adelsklasse, wenigstens ein geringes Bewusstsein für diese unleugbaren Tatsachen entwickelt hätte. Woher sollte denn die allseits gerühmte »Melancholie« des Buches kommen, wenn nicht aus einem Bewusstsein von Schuld und Verantwortung und, vielleicht, falsch gelebtem Leben? Aber nichts davon hatte sie gelesen. Trauer darüber, dass die Macht des Adels durch die stärker werdende Bourgeoisie abgelöst werden würde und gleichzeitig eine heimliche Bewunderung für die Tüchtigkeit dieser neuen Klasse, das war es, was der Held des Romans empfand. Die Tatsache, dass es auf Donnafugata, dem Adelssitz, keine Hauskapelle gab, weswegen die Familie des Fürsten sich an Feiertagen zusammen mit dem gewöhnlichen Volk in die Kirche begab, schien Volksverbundenheit genug zu sein.

Am Ende der Geschichte, als der Fürst stirbt, wäre sie beinahe bereit gewesen, Mitleid mit ihm zu empfinden, als er, schon verdämmernd, feststellt, dass er von den dreiundsiebzig Jahren, die er alt geworden war, vielleicht zwei oder drei Jahre gelebt hat. Was für ein Ende, dachte sie, und dann: Was für ein Selbstmitleid. Giuseppe Tomasi di Lampedusa war damit für sie erledigt.

In der Stadt war es dunkel, dunkler als am Abend vorher. Vielleicht sparten sie Strom, oder Straßenlaternen waren ausgefallen. Auch die Laterne vor der Kirche, die gegenüber dem Haus von Mercedes Travani lag, war aus. Nur unter dem Marienbild in einer Nische an der Wand brannte ein kleines Licht. Bella setzte sich auf die Stufen zur Kirchentür und sah hinüber. Erst jetzt fiel ihr auf, dass das Nachbarhaus auf der rechten Seite nicht bewohnt sein konnte. Das flache Dach war eingestürzt. An dem Gitter des Balkons im ersten Stock, der vor dem einzigen Fenster angebracht worden war, hing ein verwittertes Schild mit der Aufschrift »Vende«. Mühsam entzifferte sie den Namen des Anbieters: Terracasa. Plötzlich wurde im Hintergrund des Zimmers, in dem sie am Vormittag gewesen war, eine Lampe angemacht. Zuerst war niemand zu sehen, dann huschte Mercedes durch den Raum. Es schien, als suchte sie etwas. Ein paar Mal blieb sie stehen und wandte ihr Gesicht der Tür zu. Und dann betrat Gianluca das Zimmer. Er hielt sich im Hintergrund, aber sie konnte ihn deutlich erkennen. Bella erhob sich und stellte sich mit dem Rücken an die Kirchentür. Sie sah nach rechts die abfällige Straße hinunter. Ein Mann kam langsam herauf. Er ging in der Mitte der Straße. Sie sah nach links. Von dort kam auch ein Mann, aber die Straße herunter. Auch er ging in der Mitte der Straße. Die beiden müssten sich begegnen, wenn sie die Richtung beibehielten. Und das taten sie. Etwa zehn Meter nachdem der Mann, der von rechts kam, am Haus der Travani vorübergegangen war, blieben die beiden einen kurzen Augenblick voreinander stehen, wechselten ein paar Worte, die Bella nicht verstehen konnte, dann setzten sie ihren Weg gemeinsam fort, die Straße hinauf. Plötzlich quietschten Reifen. Sie trat einen Schritt vor, um zu sehen, wer da gebremst hatte. Die Straße war leer. Als sie sich nach links wandte, um den beiden Männern nachzusehen, waren sie verschwunden. Sie konnten das Ende der Straße unmöglich in so kurzer Zeit erreicht haben, selbst wenn sie gelaufen wären. Sie waren in einem der Hauseingänge verschwunden und warteten dort darauf, dass ihnen Gianluca in die Arme liefe. Was sollte sie tun? Klopfen und den Burschen warnen? Sie überlegte, aber ihre Überlegungen hatten kein Ergebnis. Die Haustür drüben wurde geöffnet, und Gianluca betrat die Straße, nicht ohne sich vorher vergewissert zu haben, dass sie leer war. Er schlug den Weg die Straße hinunter ein. Bella sah nach links. Die beiden Männer waren wieder da. Sie waren aus dem Schatten eines Hauseingangs herausgetreten und kamen schnell die Straße hinunter. Bella lief los. Sie rannte über die Straße und rief Gianluca an. Der sah sich kurz um, dann begann er zu laufen. Die Männer hinter Bella kamen sehr schnell näher. Sie blieb stehen, wandte sich zurück und hob abwehrend die Hände. Die Männer schossen, während sie mit ihr auf gleicher Höhe waren. Ein Schuss traf sie in die Brust. Sie fiel auf die Straße. Die Schüsse, die Gianluca trafen, hörte sie nicht mehr.

Paola und Palermo

Für Paola war der Tag zu ihrer Zufriedenheit verlaufen. Sie war zum ersten Mal im *Centrale Palace* abgestiegen. Die altmodische Eleganz des Hotels gefiel ihr. Dass sie mit ausgesuchter Zuvorkommenheit behandelt wurde, konnte auch mit den Namen der Herren zusammenhängen, die sie an der Rezeption erwähnt hatte.

Ich möchte nicht gestört werden. Wenn die Herren – sie nannte den Namen zweier Männer, einer davon ein bekannter Bauunternehmer – anrufen, stellen Sie bitte durch. Sonst bin ich für niemanden zu sprechen.

Der Junge, der ihr die Reisetasche ins Zimmer trug, starrte sie an. Er konnte seine Begeisterung für ihre ungewöhnliche Erscheinung kaum verbergen. Paola lächelte und stupste mit dem Finger auf seine Nase, während sie ihm zwei Euro in die Hand drückte.

Danke, Signorina, stammelte der Junge und wurde rot. Kann ich noch etwas für Sie tun, Signorina? Eine Zeitung vielleicht oder etwas zu trinken?

Paola schüttelte den Kopf, und der Junge verließ zögernd das Zimmer, nicht ohne sich in der Tür noch einmal nach ihr umgesehen zu haben. Er sah Paola vor dem Spiegel im Zimmer stehen. Sie betrachtete sich eingehend und war zufrieden mit dem, was sie sah. Keine Frage, sie war schön. Aber schöne Frauen gab es in Palermo viele. Die mit blassem Teint, einer wilden roten Haarmähne und grünen Augen allerdings waren selten. Und vermutlich einmalig war eine solche Frau, wenn sie auch noch über ein abgeschlossenes Studium der Betriebswirtschaft, juristische Kenntnisse, gute Beziehungen zu einflussreichen Familien und die Aussicht auf einen attraktiven Job in der Verwaltung verfügte.

Die Anrufe, die sie erwartet hatte, kamen schon eine halbe Stunde später. Sie verabredete sich mit den Herren zum Essen, und auch das Gespräch, das sie mit ihnen führte, verlief zu ihrer Zufriedenheit. Sie hatte sich gründlich vorbereitet. Es war einfach, den beiden, die ihre Stadt kannten, aber die Insel kaum verließen, die Strukturen in Brüssel, die von dort zu erwartenden Gelder, die Voraussetzungen, die erfüllt sein mussten, um auf den Strom der Gelder den richtigen Einfluss zu nehmen, zu erläutern. Ideen zur Verwendung der Gelder waren bereits vorhanden. Es gab Pläne für den Ausbau des Gesundheitswesens, die Müllentsorgung und die weitere Entwicklung des Agrarmarktes. Diese Bereiche waren außerordentlich gut geeignet, sie mit finanzieller Unterstützung aus Brüssel voranzutreiben. Sowohl Paola als auch die beiden Herren vermieden es, über solche anrüchigen Geschäftszweige wie Drogenhandel oder Zigarettenschmuggel zu reden. Es genügte, zu wissen, dass diese und noch ein paar andere Geschäftsbereiche existierten. In ihrem Gespräch ging es nur um ganz und gar legale, noch zu entwickelnde Unternehmungen. Und die Herren waren Paola dankbar für ihre Bereitwilligkeit, alle ihre Kenntnisse über die Möglichkeit, Europas Geldtöpfe zu nutzen, zur Verfügung zu stellen.

Es kommt darauf an, den legalen Charakter unserer Bemühungen nie aus den Augen zu verlieren, sagte Paola eindringlich, nachdem alle technischen Bedingungen geklärt waren. Was wir uns im Zusammenhang mit den angesprochenen Vorhaben auf gar keinen Fall leisten können, sind solche Mätzchen, wie sie zurzeit in Neapel üblich sind. Wir haben Gewalt nicht nötig, deshalb werden wir sie auch nicht anwenden.

Die Herren waren einsichtig, ja, sie wirkten geradezu erleichtert. Danach hatte Paola es leicht, ihre Bedingungen zu stellen: Sie wollte die neu zu schaffende Stelle eines Büros für Europa. Sie wollte drei Mitarbeiterinnen, die sie selbst aussuchen würde, wobei den Herren das Recht vorbehalten sein sollte, auch ihrerseits Vorschläge zu machen. Und sie wollte ungehinderten Zugang zu allen Plänen und schon vorhandenen Einrichtungen, die die besprochenen Bereiche betrafen.

An diesem Punkt lebten die Herren auf. Voller Stolz berichtete der Bauunternehmer, hin und wieder unterbrochen von dem anderen – einem Verwaltungschef, der nicht auf sich sitzen lassen wollte, dass seine Verwaltung nicht daran beteiligt gewesen sein sollte –, von einer geradezu vorbildlichen neuen Klinik in Bagheria. Sie luden Paola nach dem Essen zu einer kleinen Spritztour ein, um ihr das Haus zu zeigen und damit zu beweisen, dass sie, mochten sie auch die Insel kaum verlassen, durchaus in der Lage waren, Projekte auf europäischem Niveau zu bewältigen.

Wir verzichten darauf, sagte der Verwaltungschef, Sie mit dem augenblicklichen Zustand des öffentlichen Ospedale Civico bekannt zu machen. Es wird Ihnen genügen, wenn ich sage, dass dort der Putz von der Decke fällt, Duschen für Ärzte und Schwestern ein Wunschtraum sind, teure Diagnosegeräte nicht genutzt werden können, weil wir niemanden haben, der dem Personal ihre Funktionsweise erklären könnte. Traurige Verhältnisse, das versichere ich Ihnen.

Sehen Sie sich dagegen meine Klinik an, sagte der Bauunternehmer. Sie werden nichts finden, woran Sie Anstoß nehmen könnten.

Nur für Privatpatienten?

Wo denken Sie hin. Für alle, meine Liebe, so wie es sein soll.

Der Rundgang durch die Klinik der Cosa Nostra fiel kurz aus. Paola war beeindruckt von der Freundlichkeit des Personals, der Sauberkeit, der Professionalität, mit der die Patienten offensichtlich behandelt wurden. Zweimal sprach sie Frauen auf dem Flur an.

Wie geht es Ihnen hier?, fragte sie.

Irgendwie schade, lachte die Erste, der Doktor hat gesagt, ich sei gesund.

Und die andere, eine Frau, die hochschwanger war, sagte: Sie sehen ja, ich bin bald so weit. Ich hab' mir gerade mein Zimmer zeigen lassen. Das sollten Sie mal vergleichen mit den Löchern, in denen meine beiden Ersten geboren worden sind.

Auf dem Rückweg in seine Amtsstube setzte der Verwaltungschef Paola vor ihrem Hotel ab. Der Bauunternehmer war in Bagheria geblieben. Paola nahm ein Bad, telefonierte aber vorher mit Monica, der Taxifahrerin. Als die Rezeption anrief, um zu sagen, das Taxi sei da, hatte Paola sich schon umgezogen. Sie trug lange Hosen und flache Schuhe, hatte ihre Haarmähne zusammengebunden und im Nacken hochgesteckt, und in ihrer Lederjacke waren genug Taschen, in denen sie unterbringen konnte, was mitzunehmen ihr notwendig erschien.

Unterwegs begann sie ein Gespräch mit Monica, um herauszufinden, wie die Fahrerin lebte. Wenn die junge Frau künftig zu ihrem Team gehören sollte, dann musste sie über einige Dinge Bescheid wissen. Was war mit der Familie, aus der sie kam? Lebte sie noch zu Hause oder allein, oder war sie verheiratet? Hatte sie Kinder? Irgendwelche Leute, für die sie sorgen musste? Hatte sie noch andere Jobs, und war es möglich, die ohne Weiteres aufzugeben?

Sie verwickelte Monica in ein langes Gespräch über das Leben in der Stadt und auf dem Land, über Probleme, die man mit Verwandten haben konnte, über Freundschaften und Geld, über bequeme und unbequeme Wohnungen und über die Vor- und Nachteile von Nachtarbeit. Am Ende, da waren sie schon beinahe in Corleone angekommen, war klar, dass Monica allein lebte und keine Kinder hatte. Sie fühlte sich allerdings verantwortlich für zwei Kinder ihrer Schwester. Die Schwester war krank und würde die beiden Mädchen nicht mehr lange versorgen können. Auf den Schwager konnte man nicht zählen. Er war ein Hallodri, mal zu Hause, mal nicht zu Hause und praktisch immer ohne Geld. Monica arbeitete in einer Wäscherei, wenn sie nicht Taxi fuhr. Dort hatte auch ihre Schwester gearbeitet, bevor sie krank geworden war. Den Job könnte sie leicht aufgeben, wenn sie genug Geld mit dem Taxi verdienen würde.

Paola sprach über die Klinik in Bagheria und dass man versuchen könnte, Monicas Schwester dort unterzubringen.

Wenn sie noch eine Chance hat, sagte Monica nüchtern, aber man soll nichts unversucht lassen. Ich wäre Ihnen dankbar, wenn Sie uns helfen würden.

Monica hatte die Via Garibaldi in das Navigationsgerät eingegeben. So gab es keine Schwierigkeiten, die Straße zu finden. Sie fuhr nur ein wenig zu schnell, und als Paola am Ende der Straße sagte: Halten Sie hier, trat sie heftig auf die Bremse.

Ich möchte, dass Sie hier auf mich warten, sagte Paola beim Aussteigen. Ich glaube nicht, dass ich lange brauche. Warten Sie einfach.

Sie stieg aus, genau in dem Moment, als hundert Meter entfernt auf Gianluca und Bella geschossen wurde.

Den Wagen wenden, schrie Paola.

Sie rannte die Straße hinauf. Im Laufen zog sie eine Pistole aus der Jacke.

Während Monica wendete und ausstieg, um die Straße besser beobachten zu können, überlegte sie kurz, ob sie wirklich an einer Arbeit für diese Frau interessiert war. Aber sie hatte sich schon entschieden. Im schwachen Licht der Laternen sah sie Paola die Straße hinauflaufen. Trotz der Schüsse blieben alle Fenster und Türen geschlossen. Es gab keine Neugierigen. Sie sah, dass Paola auf der Straße niederkniete. Da lag jemand am Boden. Monica setzte sich ins Auto und fuhr die schmale Straße hinauf. Sie fuhr langsam und sah dabei nach rechts und links, obwohl sie wusste, dass sie niemanden zu sehen bekommen würde, außer vielleicht eine Hand mit einem Revolver, der auf sie gerichtet war.

Sie hielt an, als sie bei dem Mann angekommen war, der auf der Straße lag.

Lassen Sie ihn. Helfen Sie mir, sagte Paola deutlich, aber leise.

Es war offensichtlich, dass der Mann tot war. Jemand hatte ihm in den Hinterkopf geschossen. Er lag auf dem Bauch, die Arme ausgebreitet, als wollte er die Erde umarmen. Neben seinem Kopf breitete sich eine Blutlache aus.

Paola kniete ein paar Meter weiter neben dem Körper einer Frau.

Sie lebt, sagte sie. Wir müssen sie ins Auto schaffen.

Warten Sie, flüsterte Monica. Ich will sie mir erst ansehen.

Die Professionalität, mit der sie den Körper von Bella untersuchte, überraschte Paola.

Halten Sie ihren Kopf, flüsterte sie, lief zum Auto zurück und machte sich am Vordersitz zu schaffen.

Wenn wir sie heil auf den Sitz bringen, ist schon viel gewonnen, sagte sie, als sie den Körper gemeinsam anhoben.

Die Frau stöhnte, erwachte aber nicht. Sie legten sie auf den lang gestreckten Vordersitz.

Setzen Sie sich nach hinten, so dicht wie möglich neben sie. Halten Sie ihre Hand, streicheln Sie ihr Gesicht, reden Sie mit ihr. Wenn sie spürt, dass jemand bei ihr ist, verzichtet sie vielleicht darauf, sich vorzeitig von der Welt zu verabschieden.

Bagheria, sagte Paola, so schnell wie möglich.

Sie saß neben Bellas Kopf und strich ihr die Haare aus dem Gesicht. Das Gesicht sah weiß und eingefallen aus. Ein leichter Schweißfilm bedeckte die Haut.

Reden Sie, reden Sie doch, rief Monica laut.

Sie fuhren jetzt sehr schnell. Paola begann zu singen.

Reden, schrie Monica. Das hört sich ja furchtbar an. Sie sollen sie anreden, verdammt noch mal.

Liebe Bella, sagte Paola, es wäre wirklich sehr ärgerlich, wenn Sie sich von uns verabschieden würden. Denken Sie an Annabella. Die wird Sie brauchen, jetzt, wo dieser kleine Spinner tot ist.

Mario und Annabella: Liebe und Hass

Annabella hörte Mario sprechen, aber sie verstand nicht, was er sagte. Sie sah, dass er die Lippen bewegte, aber weshalb gab er keinen Laut von sich? Stattdessen hörte sie ihre eigene Stimme, fremd und schrill.

Nehmen Sie das Essen weg, hörte sie sich schreien. Wer will denn jetzt essen!

Aber Sie haben gerade erst …

Der Kellner sah Mario an. Sie sah Mario, der mit dem Kopf nickte und mit der Hand eine zurückweisende Geste machte. Der Kellner blieb stehen. Mario bewegte noch immer stumm seine Lippen. Er holte seine Brieftasche hervor und legte einen grünen Schein auf den Tisch. Der Kellner wandte sich ab.

Er trägt das Essen zurück in die Küche, dachte sie. Mario steht auf. Weshalb steht er jetzt auf?

Komm, hörte sie Mario sagen, allerdings kam seine Stimme von sehr weit her, wir fahren nach Hause.

Er nahm ihren Arm und führte sie aus dem Restaurant. In der Schwingtür zur Küche standen Menschen in weißer Kleidung, die ihnen nachsahen. Auf dem Parkplatz vor dem Hotel stand ein einzelner Wagen.

Unser Auto, dachte Annabella.

Sie blieb stehen und schob Marios Arm beiseite. Das Auto kam ihr vor wie ein Gefängnis. Wenn sie dort einstiege, würde sie gefangen sein.

Wir fahren nach Hause, sagte Mario neben ihr.

Seine Stimme hatte nun ihren normalen Klang. Er ging voraus. Sie sah das Aufblinken der Lichter, das anzeigte, dass er das Auto geöffnet hatte. Sie sah ihm zu, wie er die Tür zum

Beifahrersitz offen hielt und ihr zuwinkte. Sie setzte sich langsam in Bewegung.

Wir fahren nach Hause, sagte Mario, und sie dachte: Wie oft will er das noch sagen, und dann sagte er: Lass uns zu Hause darüber sprechen, was geschehen ist.

Sie antwortete nicht. Sie wusste, was geschehen war. Es war ihr egal, was Mario dazu sagen wollte. Sie hatten Gianluca erschossen und Bella, die sich seinen Mördern in den Weg gestellt hatte. Das waren die Tatsachen. Die Umstände, die dazu geführt hatten, interessierten sie nicht.

Die Fahrt verlief schweigend. Es gibt keine Verbindung mehr zwischen uns, dachte sie. Wir haben nichts miteinander zu tun. Das Gefühl war schrecklich, und es änderte sich auch nicht, als sie zusammen das Restaurant betraten und Luigi hinter der Bar sahen, der aufblickte, als sie die Tür aufschlossen.

Alles in Ordnung?, fragte Mario.

Alles in Ordnung, Chef, sagte Luigi. Bei Ihnen auch, hoffe ich?

Annabella begann zu lachen. Sie ging auf Luigi zu und blieb vor der Bar stehen.

Wir haben etwas zu feiern, Luigi, sagte sie. Was kannst du uns anbieten?

Jetzt halt den Mund, schrie Mario.

Mario schrie selten, und Annabella hatte er im Beisein von anderen noch nie angeschrieen. Luigi sah ihn erschrocken an. Auch Annabella fuhr zusammen.

Wir gehen schlafen, sagte Mario. Bis morgen. Komm jetzt, meine Liebe.

Er legte seinen Arm um Annabellas Schultern. Sie widersetzte sich nicht. Luigi sah ihnen nach, bis sie verschwunden waren. Sie hatten sich gestritten, das war klar. Und der Streit musste gewaltig gewesen sein. Die Chefin hatte ausgesehen, als wäre sie verrückt geworden.

Oben setzte Mario seine Frau in einen Sessel, stellte eine Flasche Grappa auf den Tisch und goss zwei Gläser sehr voll. Er trank, und auch Annabella trank. Sie waren noch immer sehr weit voneinander entfernt, aber die vertrauten Möbel, die beiden Sträuße aus weißen Callas, die Annabella selbst rechts und links neben der Tür zur Terrasse arrangiert hatte, das Bild über dem Kamin, Guttusos »Limoni sul Tavolo«, der Grappa, der eine Originalabfüllung war, von der sie beide wussten, dass es nur sehr wenige Menschen gab, die den Vorzug hatten, davon trinken zu dürfen, all das brachte sie wieder in die Wirklichkeit zurück, machte ihnen ihr Leben wieder bewusst. Dass Annabella eine andere geworden war, ahnte keiner von beiden.

Auf Luigi kann man sich verlassen, sagte Mario.

Das war richtig. Aber so, wie er es sagte, klang es, als habe der Satz eine doppelte Bedeutung. War es möglich, dass Luigi Bescheid wusste? Natürlich war das möglich. Luigi war von Anfang an Marios Vertrauter gewesen. Er kam, wie sie beide, von der Insel. Er war freundlich zu den Gästen und scherzte mit ihnen, wenn sie ihm davon erzählten, was sie über die Cosa Nostra gehört hatten. »Cosa Nostra«, ein Wort, das zwischen Mario, Annabella und Luigi niemals fiel. Vor Luigi würde sie sich in Acht nehmen müssen.

Ich möchte das Bild haben, sagte Annabella nach einer Weile. Da hatten sie schon den zweiten Grappa getrunken und ein paar Sätze gewechselt, belanglose Sätze, als wollten sie probieren, ob eine normale Sprache zwischen ihnen noch möglich wäre.

Welches Bild?

Er weiß es, dachte Annabella. Er will, dass ich es beschreibe. Er will dabei auf meine Stimme achten. Aber das macht nichts mehr, nun, da alles zu Ende ist, macht es nichts mehr.

Den Palinuro, sagte sie, ich mochte das Bild. Du hast es

unten abgehängt. Es steht irgendwo. Wir wollen es wieder aufhängen. Es wird uns von nun an begleiten.

Es ist etwas in ihrer Stimme, dachte Mario, etwas, das ich noch nicht kannte, dem ich mich nicht widersetzen sollte, wenn ich weiter mit ihr zusammenleben will. Und darauf kommt es mir an.

Ja, sagte er. Du hast Recht. Es war nur so, dass ich das Bild nicht mehr vor den Augen der Gäste hätte ertragen können. Das ist manchmal so mit Bildern, wenn sie leben. Es ist wohl unser Bild, nicht für die Augen von anderen bestimmt. Ich lasse es gleich morgen aufhängen.

Im Schlafzimmer, sagte Annabella.

Ja, sagte Mario, im Schlafzimmer.

Er war froh, dass sie sich beruhigt hatte. Keinen Augenblick lang stellte er sich das Bild des nackten, über dem Boot liegenden Jünglings, der tot war, in seinem Schlafzimmer vor.

Wo?, fragte sie und sah ihn aufmerksam an.

Es war besser, sie nicht in Einzelheiten einzuweihen. Womöglich käme sie auf die Idee, eine Messe für die Toten lesen zu lassen. Es war schon ärgerlich genug, dass diese Frau Gianluca nachgefahren war. Denn das war sie wohl. Wie sollte sie sonst dort hingekommen sein. Zufällig? An diese Art von Zufall glaubte er nicht.

Er stand auf, ging zur Terrassentür und sah hinaus. Er sah über die Dächer der Stadt. In der Ferne waren die Umrisse des Fernsehturms zu erkennen. Weiter entfernt, aber deutlich sichtbar, schwebten die roten Lichter von Kränen. Es gab ein paar Großbaustellen in der Stadt. Er dachte an die Baustellen in Palermo, an denen er beteiligt gewesen und noch beteiligt war. Alles ging seinen geordneten Gang. Paola war in Palermo. Sie war klug und tüchtig. In ihr hatte er sich nicht getäuscht. Sie würde an seiner Seite sein, das wusste er. Nur Ruhe brauchten sie, alles, was sie brauchten, war Ruhe. Er wandte sich um.

In Corleone, sagte er. Wir werden nicht mehr darüber sprechen.

Ja, sagte Annabella.

In Corleone wohnte Gianlucas Mutter. Sie hatte ihren Sohn verraten.

Sie tranken, und Mario setzte sich zu Annabella auf das weiße Sofa, und irgendwann legte er seine Hände auf ihre Schenkel. Da lag er schon auf den Knien vor ihr und hatte seinen Kopf in ihrem Schoß. Schließlich standen sie auf, gingen ins Schlafzimmer und schliefen miteinander. Es war die letzte Nacht ohne das Bild des Palinuro, aber der Jüngling auf dem Bild war ja tot. Er würde sie sowieso nicht beobachten können. Annabella lag mit offenen Augen neben Mario. Es gelang ihr nicht zu schlafen.

Cosa Nostra: Eine Klinik für jedermann

Selbstverständlich gaben sich die Ärzte in der Klinik in Bagheria die größte Mühe, ihre Patientin dem Leben zu erhalten, aber im Grunde hatte sie mehr Glück als Verstand gehabt – jedenfalls dachte Bella selbst so, als sie wieder denken konnte. Die Kugel war am Herzen vorbeigegangen. Wären die beiden Dunkelmänner nicht so sehr an dem flüchtenden Gianluca interessiert gewesen, hätten sie sicher mehr als einen Schuss auf die Frau abgegeben, die sich ihnen in den Weg stellte.

Wie kann man nur so blöd sein, war einer der Sätze, die Bella sich mehrmals am Tag aufsagte, als sie wieder etwas sagen konnte. Andere Sätze waren: Du hast selbst Schuld. Was gehen dich die Probleme anderer Leute an. Wenn ich hier raus bin, werde ich mein Leben so unverschämt genießen, wie ich es noch nie getan habe. Und: Sollen sich doch die Sizilianer damit befassen, wer Gianluca umgebracht hat. Mich haben die jedenfalls nicht gemeint. Ich war nur zufällig im Weg. Die Behörden können mir das Ergebnis ihrer Arbeit ja irgendwann mitteilen.

In Wirklichkeit glaubte sie nicht, dass sie die Mörder von Gianluca finden würden. Nur zu gut erinnerte sie sich daran, wie in den achtziger Jahren in Corleone gemordet wurde. Die Mörder kamen aus den Dörfern, töteten für ein Handgeld und verschwanden wieder. Weshalb sollte das jetzt anders sein?

Als Paola sie das erste Mal besuchte, war sie noch zu schwach, um mit ihr zu sprechen. Aber auch später, als es ihr schon besser ging, redete sie nicht über die Nacht in Corleone. Paola hatte dafür gesorgt, dass Bellas Gepäck in die Klinik gebracht wurde, und war überhaupt rührend darum bemüht, dass es ihr an nichts fehlte.

Eines Morgens, da war Bella schon länger als zwei Wochen in der Klinik und begann, darüber nachzudenken, ob sie trotz allem ihren Ausflug nach Palermo machen sollte, bevor sie zurück nach Hamburg flöge, sprach Paola sie auf ihre nächsten Schritte an.

Was werden Sie tun, wenn Sie wieder gesund sind?

Sie waren durch den Garten der Klinik gewandert und hatten sich in eine kleine Laube gesetzt, die, von Gartenarchitekten geplant und von tüchtigen Landschaftsgärtnern angelegt, am Ende des Grundstücks entstanden war. Vor ihren Augen lag die Anlage in ihrer ganzen Schönheit. Patienten wandelten darin herum, sichtlich froh, die bezaubernde Umgebung genießen zu können.

Ich glaube, ich werde meinen ursprünglichen Plan einhalten und mir ein paar Tage in Palermo gönnen, antwortete Bella. Ich fühle mich gut, und wahrscheinlich würde ich mich zu Hause darüber ärgern, wenn ich darauf verzichtet hätte.

Haben Sie jemanden, der Sie begleiten könnte? Der Gedanke, Sie allein in der Stadt herumwandern zu lassen, ist mir nicht besonders angenehm.

Daran hab' ich auch schon gedacht, sagte Bella. Ich werde wohl meinen Freund bitten, ein paar Tage zu kommen. Wir könnten dann zusammen zurückfliegen.

Einen Augenblick schwiegen beide. Bella beobachtete eine Frau, die ein Mädchen im Rollstuhl vor sich her schob. Der Rollstuhl war ein leichtes, stabiles Gefährt, offensichtlich neu. Sein verchromtes Gestänge blitzte in der Sonne. Das Mädchen hatte eine kamelhaarfarbene Decke über seine Knie gebreitet. Es sah müde aus, aber auch zufrieden. Die Mutter, der das Mädchen ähnlich sah, war eine einfache Frau.

Ich will nicht aufdringlich sein, sagte Paola, aber ich habe das Gefühl, Sie beschäftigt etwas, das Ihnen Sorgen bereitet. Sagen Sie mir, ob ich Ihnen helfen kann.

Sie sind eine gute Beobachterin, antwortete Bella.

Wieder schwiegen beide. Paola sah Bella forschend von der Seite an. Nach einer Weile wandte Bella sich ihr zu.

Ich hab' keine Ahnung, sagte sie, was Sie in dieser ganzen Geschichte für eine Rolle spielen. Ich weiß es nicht, und ich will es nicht wissen, aber natürlich komme ich nicht darum herum, mir meinen Teil zu denken. Spätestens wenn ich höre, dass der Aufenthalt in dieser wunderschönen Klinik mich nichts kostet, werde ich meine Gedanken bestätigt finden. Das wird dann zur Folge haben, dass ich mich von Ihnen verabschiede, nicht ohne Ihnen ausdrücklich dafür gedankt zu haben, dass Sie meine Lebensretterin waren, und dass ich hoffe, Sie nie mehr wiederzusehen. Sie werden verstehen, dass ich unter diesen Umständen nicht bereit bin, mit Ihnen darüber zu sprechen, was die Gründe dafür sind, dass ich mir Sorgen mache. Bella sah Paola jetzt direkt ins Gesicht. Wie Sie sehen, bin ich dafür, offen miteinander zu reden. Ich verstehe vollkommen, dass Ihnen das nicht möglich ist. Unter so ungleichen Voraussetzungen sollten wir unsere Beziehung aber nicht intensivieren.

Täuschte sie sich, oder war Paola tatsächlich rot geworden? Nein, sie täuschte sich nicht.

Sieh an, dachte Bella, es ist noch ein Rest Gewissen in ihr. Na ja, mir soll's egal sein. Paola stand auf.

Dann verabschiede ich mich jetzt von Ihnen. Ich erspare es Ihnen, Sie der Peinlichkeit auszusetzen, mir die Hand geben zu müssen. Ich gehe einfach davon aus, dass Sie sich bereits bei mir bedankt haben. Rechnen Sie nicht mit einer Rechnung. Wenn Sie Ihr Gewissen beruhigen wollen, spenden Sie an die Aidshilfe. Da kommt Ihr Geld einigen Freunden von Gianluca zugute. Sicher werden Sie irgendwann Zeit haben, über alles nachzudenken, und begreifen, wie lächerlich Ihr Verhalten mir gegenüber war. Dann denken Sie auch daran, dass Sie in Palermo jederzeit willkommen sind.

Bella sah ihr nach. Sie hatte das Gefühl, sich nicht richtig verhalten zu haben, aber gleichzeitig wusste sie nicht, wie sie sich hätte anders verhalten sollen.

Du willst das Richtige tun, aber wie soll das gehen? War es nicht richtig gewesen, sich mit Annabella anzufreunden? Und mit Mario? Wie hätte er sie warnen können? Natürlich würde sie nie mit der Cosa Nostra paktieren. Aber gehörte Annabella dazu? Sie hatte gewusst, dass Mario Ernst machen würde mit seiner Drohung, Gianluca töten zu lassen. Dann hätte sie auch wissen müssen, dass ihm Mittel zur Verfügung ständen, seine Drohung in die Tat umzusetzen. Und sie, Bella, hatte sie geahnt, worauf sie sich einlassen würde? Sie hatte sich vorgemacht, Mario vor einer Dummheit bewahren zu wollen. Aber in was für eine Geschichte war sie wirklich verwickelt? Was war in der Via Garibaldi geschehen, nachdem sie ausgeschaltet worden war? Weder Paola noch irgendjemand sonst hatte mit ihr darüber gesprochen. Sie musste die Zeitungen durchsehen. Vielleicht gab es Berichte, Andeutungen über Hintergründe der Schießerei. Und sie würde Francesca anrufen. Die redete gern, und wenn sie etwas wüsste, würde sie es nicht für sich behalten.

Bella wanderte durch den Garten zurück. An der Bar in der Empfangshalle – sie war von Illy eingerichtet und hatte einen verspiegelten Tresen – trank sie einen Espresso, ging dann zum Kiosk und machte dem Besitzer klar, dass sie sämtliche Ausgaben der *La Repubblica* und des *Giornale di Sicilia*, die nach dem Mord an Gianluca erschienen waren, brauche. Er versprach, sich zu kümmern.

In ihrem Zimmer, das nur durch die unbedingt nötigen Vorrichtungen an ein Krankenzimmer erinnerte, im Übrigen aber eher einem Hotelzimmer der besseren Kategorie glich, setzte sie sich ans Fenster und begann zu telefonieren.

Es dauerte eine Weile, bis sie Francesca erreichte.

Madonna, was ist mit Ihnen? Wieso kommt jemand und holt Ihre Sachen ab? Weshalb kommen Sie nicht selbst? Hat es Ihnen bei uns nicht gefallen? Signora Bella, Sie waren so ein angenehmer Gast. Sind Sie krank? Wo sind Sie?

Bella versuchte, Francescas Redestrom zu stoppen. Vergeblich. Schließlich ließ sie sie einfach reden. Irgendwann würde sie aufhören, wenn sie eine Antwort haben wollte. Endlich war es so weit.

Hören Sie, Francesca, Sie erinnern sich doch daran, dass ich Sie nach der Mutter von Gianluca gefragt habe? Gianluca ist vielleicht erschossen worden, davon haben Sie sicher gehört. Ich möchte wissen, was über diese Sache in der Stadt geredet wird.

Francesca blieb still. Ihr Schweigen war so beredt wie ihr Redestrom vorher.

Francesca?

Bella hörte einen tiefen Atemzug am anderen Ende der Leitung.

Sind Sie nicht allein?

Das Zimmer ist belegt, sagte Francesca, bei uns können Sie nicht wohnen.

Das Gespräch war beendet. Francesca hatte aufgelegt.

Gegen Abend kam der Arzt, der Bella betreute. Er kam regelmäßig und ohne einen Trupp von Begleitern, die seinen Worten lauschten, wichtige Mienen machten und dabei unterwürfig aussahen; ein Balanceakt übrigens, den Bella bei Ärzten in deutschen Krankenhäusern beobachtet und bewundert hatte. Dr. Montane trug keinen weißen Kittel. Er kam wie ein Freund, ruhig, zuverlässig und vertrauenswürdig. Bella hatte sich an ihn gewöhnt und mochte ihn. Ob sie mit Montane sprechen sollte? Es würde auf einen Versuch ankommen.

Nun, Doktor, wie geht es mir?, fragte sie, während der Arzt am Waschbecken stand und seine Hände wusch.

Es geht Ihnen ausgezeichnet. Wenn ich aus Ihrer Krankenakte nicht wüsste, wie alt Sie sind, würde ich es nicht glauben. Sie erholen sich so schnell von Ihrem Unfall wie eine junge Frau.

Dann kann ich bald gehen?

Na ja, drei, vier Tage noch, würde ich sagen. So lange müssen Sie uns schon noch aushalten.

Montane wandte sich um und lachte. Er wusste, dass seine Patienten sich in der Klinik wohlfühlten. Es kam selten vor, dass sich jemand danach drängte, vorzeitig entlassen zu werden.

Haben Sie einen Augenblick Zeit, Doktor?

Der Arzt nickte und setzte sich an den Tisch, der in der Nische unter dem Fenster stand. Das Fenster reichte bis zum Boden und gab den Blick auf den Garten frei.

Erinnern Sie sich an den Tag, an dem ich eingeliefert wurde?

Aber sicher, sagte der Arzt, Sie kamen mit einem Taxi und waren bewusstlos. So was behält man.

Ich habe nicht gesprochen?

Kein Wort. Sie hatten Mühe, am Leben zu bleiben. Von sprechen konnte nicht die Rede sein.

Wissen Sie, woher ich kam?

Nein, sagte der Arzt, das war ja auch für Ihre Behandlung völlig nebensächlich.

Die, die mich hergebracht haben, müssen doch irgendetwas gesagt haben. Aber ich kann es Ihnen natürlich auch sagen. Ich kam aus Corleone. Ich war in eine Schießerei verwickelt. Ein junger Mann, Gianluca Travani, ist vermutlich dabei erschossen worden. Was wissen Sie über diese Geschichte? Hat etwas in den Zeitungen gestanden? Es ist ein scheußliches Gefühl, nicht zu wissen, was geschehen ist, verstehen Sie das?

Dr. Montane stand auf. Er sah eine Weile schweigend ins Grüne, bevor er sich zu Bella umwandte.

Drei bis vier Tage noch, sagte er, dann können wir Sie ohne Bedenken entlassen. Wenn ich Ihnen raten darf: Lassen Sie die alten Geschichten. Für uns waren Sie ein Unfall. Unfälle dieser Art kommen überall vor, nicht nur auf Sizilien. Auch alles, was damit zu tun hat, fällt unter die ärztliche Schweigepflicht. Er wandte sich zur Tür. Bis morgen, und lassen Sie diesen Sciascia. Er ist ein Schwätzer. Manche Sizilianer reden – oder schreiben – einfach zu viel.

Montane ging, nicht ohne ihr noch einmal freundlich zuzunicken. Bella nahm die kleine Erzählung von Sciascia in die Hand, die auf dem Tisch in der Fensternische gelegen hatte, und schlug sie auf:

> *(Palermo) »**Hauptstadt** Siziliens, Residenz des Königs, berühmter Erzbischofssitz, weltberühmt bei sämtlichen alten wie neuen Autoren wegen ihrer anmutigen Lage, ihrer Ausdehnung und der Vortrefflichkeit ihrer Bürger …« Das war der Stolperstein, die Störung, die Sackgasse: die Vortrefflichkeit der Bürger. Etwa zweitausend adelige Familien und viele von zweifelhaftem Adel hatten sich im 18. Jahrhundert hier niedergelassen: Und wenn man von 102106 Seelen die Herren abzieht, was sollen die verbleibenden Seelen anders sein als Diener.*

Wem dienten sie wohl alle: Francesca und Paola und der freundliche Dr. Montane?

Sie griff noch einmal zum Telefon, diesmal sicher, dass sie die Antwort bekommen würde, die sie erhoffte.

Ich bin gesund, jedenfalls so gut wie. Ich möchte noch ein

paar Tage in Palermo bleiben. Hast du Lust zu kommen? Ein paar Tage nur, bevor ich mich wieder unter Wandas Fittiche begebe!

Ich bin schon unterwegs, antwortete Kranz vergnügt. Wanda hat sich übrigens nach dir erkundigt. Ich hab' ihr nicht gesagt, was passiert ist. Die Dichterin lässt dich grüßen und ausrichten, wenn du schon auf Sizilien seist, dann solltest du unbedingt Luigi Pirandello lesen: »Das dritte Geschlecht«, während dein Major bestellen lässt, er habe sich während seiner Dienstzeit gründlich mit der Anti-Mafia-Bewegung auf Sizilien beschäftigt und wäre gern bereit, dich zu informieren, wenn du wieder zurück seist.

Mein Major, sagte Bella, und dann: Komm, so bald du kannst. Ich hab' Sehnsucht nach dir.

Bella bekam die Zeitungen, die sie bestellt hatte, zwei Tage später. Sie entdeckte erst nach langem Suchen eine kleine Meldung, die sich mit den Ereignissen in Corleone befasste.

> *Am Mittwochabend hat es in der Via Garibaldi eine Schießerei zwischen Jugendlichen gegeben. Eine Frau, die sich zufällig zur selben Zeit in der Via Garibaldi aufhielt, ist dabei verletzt worden. Sie wurde nach Bagheria ins Krankenhaus gebracht und befindet sich nicht in Lebensgefahr. Die Polizei ist mit der Ermittlung des genauen Tathergangs befasst.*

Das war alles. Der Vorfall wurde nicht wieder erwähnt. Wenn die Polizei tatsächlich mit der Sache befasst wäre, dann hätte inzwischen irgendjemand von denen Zeit gehabt, sie zu befragen. Das war aber nicht geschehen, und Bella hatte große Zweifel, dass sie noch befragt werden würde. Von Gianluca war überhaupt nicht die Rede. Sie war inzwischen sicher, dass er getötet worden war. Und sie musste sich damit auseinandersetzen, welche Konsequenzen dieser Mord für sie haben würde. Sie hatte ihn nicht verhindern können. Sie hatte kläglich versagt, konnte sich allerdings damit herausreden, dass die Informationen, die sie gehabt hatte, nur sehr vage gewesen waren. Im Grunde war sie auf der Suche nach der sprichwörtlichen Stecknadel im Heuhaufen gewesen. Da war ein Misserfolg durchaus möglich. Das hatte sie auch Annabella von Anfang an zu verstehen gegeben.

Annabella: Die war das nächste Problem. Sie selbst war in den ersten Tagen nach der Schießerei nicht in der Lage gewesen, in Hamburg anzurufen, um Annabella davon zu unterrichten, dass sie gescheitert war. Und sie wusste nicht, was Paola der Familie gesagt hatte. Auf jeden Fall musste sie Annabella anrufen und ihr persönlich schildern, was geschehen war, und zwar bald. Wie sich ihre Beziehung in Zukunft gestalten würde, hing von Annabellas Reaktion ab. Es wäre schade, wenn die Freundschaft zwischen ihnen zu Ende sein sollte, aber im Augenblick konnte sie sich auch noch nicht vorstellen, wie es damit weitergehen könnte – mit dem erschossenen Gianluca zwischen ihnen.

Und damit war sie beim größten Problem: Mario. Nach allem, was sie wusste, war er der Auftraggeber für den Mord an Gianluca. Er hatte aus Eifersucht, aus gekränkter Mannesehre diese Killer angeheuert. Es gab keinen Grund, weshalb er ungestraft davonkommen sollte. Es war ihre Pflicht, ihr Wissen an die Polizei weiterzugeben. Hier auf Sizilien? Oder besser in Hamburg? Wie weit konnte sie der Polizei in Palermo trauen? Der Fall des Maresciallo Ciuro war bekannt. Er hatte jahrelang als Assistent des Staatsanwalts Ingroia gearbeitet. Der Staatsanwalt hatte als Erster den neuen Geschäftszweig der Mafia, die Müllentsorgung, öffentlich gemacht und bekämpft.

Sein Assistent hatte die betroffenen Bosse regelmäßig über den Fortgang der Ermittlungen informiert, sodass sie entsprechende Schutzmaßnahmen und Verschleierungstaktiken entwickeln konnten. Dieser Ciuro war nur durch einen Zufall aufgeflogen und stand zurzeit vor Gericht. Sie hatte nicht die geringste Lust, ihren Aufenthalt dadurch zu verlängern, dass korrupte Polizeibeamte ihre Aussagen bezweifelten und die Befragungen deshalb unnötig in die Länge ziehen würden. Sie wollte ein paar ruhige Tage in Palermo genießen und zurückfahren können, wann sie Lust hatte. Sie würde sich also erst in Hamburg mit der Polizei in Verbindung setzen; nicht gerade mit ihrem Lieblingsfeind Kaul, aber über Brunner oder Kranz könnte sie sicher herausfinden, welche vertrauenswürdigen Beamten mit internationalen Ermittlungen befasst waren. Vorher aber müsste sie mit Annabella sprechen. Merkwürdig, dass die noch nicht angerufen hatte. Sie hätte doch von Paola erfahren können, wo sie sich aufhielt. Weshalb meldete sie sich nicht? Weil sie wusste, dass sie nicht erfolgreich gewesen war? Aber schließlich hatte sie unter Einsatz ihres Lebens versucht …

Das Telefon läutete. Kranz war am Apparat.

Ich hab' einen Flug und ein Hotel, sagte er fröhlich. Ich miete am Flughafen ein Auto und hol' dich ab.

Wann?

Na, in achtundvierzig Stunden, nein, warte, in genau fünfundvierzig Stunden und zwanzig Minuten, wenn ich dort gut durchkomme. Wie sind die Straßen, viel Verkehr?

Keine Ahnung, antwortete Bella. Ich bin nur bis Corleone gekommen. Und wo werden wir wohnen?

In der Nähe des Hafens, *Ucciardhome Hotel*, klein aber fein. Ich dachte, du würdest keine Lust haben, in ein großes Hotel zu gehen, in deinem Zustand.

In meinem Zustand? Was soll denn das heißen? Bin ich etwa krank?

Wir werden sehen, sagte Kranz, und Bella stellte sich vor, wie er dabei lächelte.

Ucciardhome – das Wort erinnert mich an irgendetwas, sagte sie, fällt dir etwas dazu ein?

Ja, sagte Kranz, das ist der Stadtteil von Palermo, in dem das Hochsicherheitsgefängnis liegt. Nach dem Plan, den man mir geschickt hat, liegt unser Hotel gleich gegenüber. Ich dachte, das könnte dir gefallen. Es ist sozusagen die manifestierte irdische Gerechtigkeit, die du da im Blick hast.

Na dann, sagte Bella, das wird mir sicher guttun.

Am Abend, als der Arzt sie besuchte – er verhielt sich so, als hätte es zwischen ihnen nie auch nur die geringste Verstimmung gegeben –, teilte Bella ihm mit, dass sie das Krankenhaus am übernächsten Tag verlassen würde. Dr. Montane hatte keine Einwände. Er schien sogar erleichtert zu sein. Vielleicht hatte er befürchtet, noch einmal in ein Gespräch verwickelt zu werden, das ihm nicht gefiel.

Sie sind wieder fit, sagte er. Wenn Sie versprechen, nicht unmittelbar nach Ihrer Entlassung an Schwimmwettkämpfen oder Marathonläufen teilzunehmen, kann ich Sie ruhigen Gewissens nach Hause schicken.

Zum Schwimmen ist mir das Wasser zu kalt, und Marathonläufe haben mir noch nie gefallen. Ist Ihnen schon mal aufgefallen, Doktor, dass die Marathonläufer alle so aussehen, als liefen sie mit dem Tod um die Wette? Ein fürchterlicher Anblick für Menschen wie mich, die das Leben lieben.

Und die wissen, dass dieser Wettlauf vergeblich ist, sagte Montane. Am Ende gewinnt immer der Tod.

Das hört sich aus dem Mund eines Arztes nicht besonders ermunternd an.

Was wollen Sie? Dass ich die Augen verschließe vor der Wirklichkeit?

Tun Sie das nicht?

Montane antwortete nicht. Sie konnte sehen, dass er mit sich unzufrieden war. Er hatte sich leichtsinnig auf ein Gebiet begeben, das er hatte meiden wollen.

Ach, Doktor, sagte Bella, machen Sie sich keine Gedanken. Sehen Sie, wenn ich etwas herausfinden will, wird mir das auch ohne Ihre freundliche Unterstützung gelingen. In solchen Sachen bin ich ein Profi. Ich bin froh, dass ich mit Ihrer Hilfe so schnell wieder auf die Beine gekommen bin. Dafür danke ich Ihnen. Mehr gibt es, glaube ich, zwischen uns nicht zu sagen.

Täuschte sie sich, oder war Montane tatsächlich erleichtert? Nein, sie täuschte sich nicht.

Als der Arzt sie verlassen hatte, nicht ohne zu versprechen, dass er am nächsten Tag noch einmal nach ihr sehen und dann auch ihre Entlassungspapiere mitbringen würde, entschloss sie sich, Annabella anzurufen. Sie merkte erst, als sie die Stimme von Luigi hörte, dass sie nicht die Nummer von Annabella, sondern die des Restaurants gewählt hatte.

Hallo, Luigi, sagte sie, wie geht's im Norden?

Luigi blieb einen Augenblick stumm, bevor er antwortete. Signora Bella? Wirklich? Signora Bella? Mario! Hier ist Signora Bella am Telefon. Hörst du? Mario!

Was hat er, dachte Bella, das hört sich ja an, als wäre ich von den Toten auferstanden.

Wenn sie in diesem Augenblick das Gesicht von Mario gesehen hätte, wäre ihr vielleicht klar geworden, dass diese Auferstehung nicht bei allen ihren Freunden auf Begeisterung stieß. Aber sie sah Marios Gesicht nicht. Sie hörte Luigi, der zuerst nach Mario rief und dann nach Annabella. Die kam irgendwann ans Telefon.

Bella?

Ja, klar. Wenn du dich nicht meldest, dann sollte ich einfach den Anfang machen, hab' ich gedacht. Es tut mir leid um Gianluca …

Bella, du lebst …

Annabella begann zu weinen, laut und ungehemmt. Bella begriff, dass man sie im *Da Capo* für tot gehalten hatte. Während sie darauf wartete, dass die Freundin sich beruhigte, überlegte sie. Aus der Zeitung konnten die Travanis ihre Informationen nicht haben. Irgendjemand, einer der Revolvermänner, würde Mario den erfolgreichen Verlauf der Aktion gemeldet haben. Die hatten sie nur auf der Straße liegen sehen, genauso wie Gianluca, und hatten sie für tot gehalten. Die waren so schnell weg gewesen, dass sie Paola und das Taxi gar nicht mehr wahrgenommen hatten.

Um wen heulte Annabella eigentlich? Weshalb hörte sie nicht auf zu heulen? Plötzlich hörte sie die Stimme von Luigi am Telefon.

Es geht ihr nicht gut, Signora. Entschuldigen Sie. Sie kann jetzt nicht sprechen. Soll ich ihr etwas ausrichten?

Was ist los?

Das war eine dumme Frage, aber Luigi hatte so bedeutungsvoll gesprochen, dass sie einfach fragen musste.

Die Chefin ist krank. Schon seit vierzehn Tagen. Wir machen uns große Sorgen. Mario weiß nicht mehr, was er tun soll. Sie sitzt in ihrem Zimmer und starrt vor sich hin. Ein paar Mal hat sie versucht, im Restaurant ihre Arbeit zu machen. Mario hat sie wieder nach oben geschickt. Er sagt, sie vertreibt uns mit ihrem Gesicht die Gäste. Das hört sich schlimm an, Signora, aber Mario hat Recht. Es läuft nicht gut hier im Augenblick.

Das tut mir leid, sagte Bella. Sagen Sie Annabella, ich war verletzt. Ich hab' getan, was ich konnte. Ich werde noch ein paar Tage hier bleiben, aber wenn ich zurück bin, wird mein erster Weg zu ihr sein.

Wo sind Sie, Signorina?

In Palermo, sagte Bella. Wenn wir im Hotel sind, melde ich mich noch einmal.

Danke, Signora. Bis bald.

Sie legte auf und blieb nachdenklich sitzen. Der Garten vor dem Fenster lag nun im Dämmerlicht. Einige Patienten wandelten noch darin herum, wie Schatten.

Weshalb gehen die so langsam?, dachte Bella, bis ihr einfiel, dass sie sich noch immer im Krankenhaus befand. Patienten rennen im Allgemeinen nicht. Sie gehen langsam, auch weil sie sicher sind, dass niemand sie verfolgt. So ein Krankenhaus ist ein sicherer Ort. Wie sicher würde sie sein, wenn sie das Krankenhaus verlassen hätte?

Palinuro

Am Ende war er nicht darum herumgekommen, den Palinuro im Schlafzimmer an die Wand zu hängen. Er hatte gehofft, Annabella würde das Bild vergessen. Aber sie hatte es nicht vergessen. Sie bestand darauf, dass es den Betten gegenüber aufgehängt würde. Und seit das Bild dort hing, kannte er nur noch eine Empfindung: Sie waren zu dritt im Schlafzimmer.

Annabellas Stimmung wurde von Tag zu Tag dunkler. Mario hatte versucht, mit ihr darüber zu sprechen. Sie hatte sich einfach verweigert. Auch die Reise nach London war ihr plötzlich zu viel gewesen.

Ich kann nicht nach London fahren, sagte sie einfach.

Und weshalb nicht?

Ich hab' hier zu tun, war ihre Antwort.

Aber er wusste nicht, was sie tat. Sie saß in ihrem Zimmer und starrte vor sich hin. Einmal überraschte er sie dabei, wie sie vor dem Bild im Schlafzimmer stand und mit den Händen die Linien des Körpers von dem nackten Jüngling abfuhr. Als er dazukam, verließ sie das Schlafzimmer. Sie ging an ihm vorbei, ohne ihn zu beachten. Er stand in der Tür, und ihre Körper berührten sich beinahe. Mario begann, das Bild zu hassen. Aber er wusste nicht, was geschehen würde, wenn er es abnähme. Also ließ er es hängen.

Sie wird sich beruhigen, dachte er, irgendwann wird sie sich beruhigen.

Er sah es gern, dass sie mit einer Handarbeit begonnen hatte, obwohl es ihm lieber gewesen wäre, wenn sie ihren Platz im Restaurant wieder eingenommen hätte. Die Gäste fragten bereits nach ihr. Die Handarbeit war ein schwarzes

Tuch von fünf Metern Länge, das sie mit winzigen weißen Kreuzen bestickte. Es war eine Arbeit für Jahre, und wenn er nicht gehofft hätte, dass dieses monotone Sticheln Annabella beruhigte, hätte er entsetzt den Kopf geschüttelt über so viel vertane Zeit.

Eines Morgens, sie hatten beim Aufwachen miteinander geschlafen, und er hatte sich eingebildet, nach längerer Zeit wieder ein Zeichen von Leben in ihrem Körper zu spüren – Mario hielt sich für einen guten Liebhaber, was er vielleicht sogar war, und die Reglosigkeit, mit der Annabella seine Liebesbezeugungen über sich ergehen ließ, war eine zusätzliche Quelle des Unbehagens für ihn –, eines Morgens erklärte sie, sie würde ausgehen und wahrscheinlich zum Mittagessen nicht zu Hause sein.

Wohin gehst du?, fragte Mario.

In die Bibliothek, antwortete Annabella.

Sie ist noch nie in die Bibliothek gegangen, dachte Mario. Was will sie da? Aber vielleicht will sie sich einfach ablenken.

Das ist gut, sagte er. Lenk dich ein bisschen ab. Das wird dir guttun.

Er blickte ihr nach, als sie aus dem Haus ging. Es war nicht zu übersehen: Annabella war alt geworden. Ihr Gang, ihre Haltung hatten sich verändert. Dabei wusste er doch, dass sie vor wenigen Wochen noch eine strahlende Frau gewesen war, die nicht nur ihn in ihren Bann gezogen hatte. Ja, verdammt, nicht nur ihn, das war das Problem. Aber es war gelöst, und er würde auch das Problem mit Annabella lösen. Alles ließ sich lösen, wenn man es richtig anfasste.

Am Nachmittag traf er sie, als sie aus der Bibliothek zurückkam. Sie sah zufrieden aus, und als er ihr die Tür öffnete, hatte sie sogar ein Lächeln für ihn.

Kommst du ins Restaurant, heute Abend?, fragte er.

Nein, heute nicht, ich hab' noch zu tun, antwortete Annabella. Aber ich warte auf dich.

An diesem Abend fand im Restaurant eine besondere Geburtstagsfeier statt. Für die üblichen Gäste war das *Da Capo* geschlossen. Es würde nicht auffallen, dass Annabella noch immer nicht wie gewöhnlich an ihrem Pult saß. Die Leute hatten einen Pauschalpreis abgemacht. Eigentlich liebte Mario diese Art von Veranstaltungen. Die Gäste verließen sich darauf, dass er für sie einen perfekten Abend inszenierte, und er legte großen Ehrgeiz darein, dass es weder an der Speisenfolge noch am Wein noch an der Dekoration oder Musik etwas auszusetzen gab. Geschlossene Gesellschaften bei Mario im *Da Capo* waren teuer, aber so beliebt, dass er zehnmal mehr davon hätte ausrichten können. Deshalb war auch seine Laune an solchen Abenden immer ausgezeichnet. Er führte Regie, trank nur sehr selten zwischendurch ein Glas Champagner und gab seinen Gästen das Gefühl, zu den Schönen und Reichen zu gehören; was nicht immer der Fall war. Einige hatten auch einfach nur Geld.

An diesem Abend aber war Mario nervös, und er hätte es gern gehabt, wenn das Fest früh vorbei gewesen wäre. Seine Gäste jedoch waren begeistert (und ziemlich betrunken), sodass es drei Uhr morgens wurde, bis er endlich zu Annabella hinaufgehen konnte. Mario war müde, aber auch zufrieden, und freute sich auf das Gespräch mit seiner Frau. Endlich würden sie wieder vernünftig miteinander umgehen. Er würde vielleicht London noch einmal ins Gespräch bringen, wenn sich die Gelegenheit ergäbe.

Annabella sah ihm entgegen, als er das Zimmer betrat. Sie saß am Tisch, neben sich eine Stehlampe und vor sich auf dem Tisch ein aufgeschlagenes Buch.

Setz dich, sagte sie, ich will dir etwas vorlesen.

Eine Sekunde lang ging Mario durch den Kopf, dass er müde war und dass die Idee, ihm um diese Zeit etwas vorzulesen, ein bisschen absurd war. Aber er setzte sich und sah seine Frau erwartungsvoll an.

Was ist das für ein Buch?, fragte er.

Er wollte zeigen, dass er an allem, was sie tat, Interesse hatte. Sie sollte nicht denken, er habe nur das Restaurant im Kopf.

Ein Lexikon, antwortete Annabella.

Wie? Ein Lexikon, und daraus willst du mir vorlesen? Jetzt? Weißt du, wie spät es ist?

Nun hatte er es doch gesagt, und sofort tat ihm seine heftige Reaktion leid.

Lies nur, sagte er, ich höre dir gern zu. Egal, wie spät es ist.

Annabella zog das Buch näher zu sich heran.

> *»Palinurus, Steuermann von Aeneas' Flaggschiff, wurde vor der Küste von Italien über Bord gespült und ertrank. Als Aeneas die Unterwelt besuchte, traf er Palinurus und versprach ihm ein ordentliches Begräbnis. Dieses Versprechen hielt er. Capo Palinuro an der Westküste von Süditalien trägt bis heute den Namen des unglücklichen Seemanns.«*

Mario war bei dem Wort »Palinurus« zusammengezuckt, aber je länger Annabella las – sie las langsam und mit deutlicher Stimme, so als sollte Mario sich jedes Wort einprägen –, desto ruhiger wurde er. Gut, da war einer ertrunken, dessen Name in der Überlieferung und in der Geographie eine Rolle spielte. Wahrscheinlich hatte Guttuso ihn also deshalb gemalt. Mit ihrer Geschichte hatte das Ganze nichts zu tun. Annabella sah ihn an.

Interessant, sagte Mario.

Du hast nicht verstanden, antwortete Annabella, du verstehst nicht.

Was verstehe ich nicht? Dieser Palinuro ist ertrunken, und man hat drüben an der Küste ein Kap nach ihm benannt. Ich bin noch nicht dort gewesen, aber wenn du willst, fahren wir mal hin. Obwohl – ehrlich gesagt, ich glaube nicht, dass es dir dort gefallen wird. Eine Frau wie du passt doch eher in eine Gegend, die, na ja, eben ein bisschen luxuriöser ist, meine ich. Da unten hast du das Gegenteil.

Annabella nahm noch einmal das Lexikon in die Hand.

> *»Als Aeneas die Unterwelt besuchte, traf er Palinurus und versprach ihm ein ordentliches Begräbnis.«*

Sie hatte mit schriller Stimme gelesen. Jetzt schob sie das Buch von sich und sah Mario an. Er dachte plötzlich: In ihrem Blick ist etwas Lauerndes. Ihm wurde bewusst, dass ihn fror.

Er versprach ihm ein ordentliches Begräbnis, sagte sie langsam. Meinst du nicht, das ist das Mindeste, was wir für den Jungen tun sollten? Ein ordentliches Begräbnis? Wir fahren nach Corleone oder nach Palermo – wo war es eigentlich, wo haben deine Mörder ihn getroffen? –, und dann holen wir seine Leiche aus dem Leichenschauhaus und lassen ihn ordentlich begraben. Und dann, wenn alles erledigt ist, fahren wir nach London und amüsieren uns.

Mario starrte sie an. Seine Frau war verrückt geworden. So viel war nun klar. Es gab Verrückte, die sich verhalten konnten, als wären sie normal. Eine Tante von ihm war so gewesen. Die ganze Familie hatte nur von der Verrückten gesprochen. Als kleiner Junge hatte er sich vor der Verrückten gefürchtet. Dann hatte er sie getroffen, und sie war ihm ganz normal vorgekommen. Sie hatte ein paar komische Sachen zu ihm gesagt. Geh deinen eigenen Weg. Schweigen ist Silber, reden ist Gold, obwohl das doch umgekehrt war. Ein paar Mal hatte sie ihm auch zugeflüstert »sei schlauer als Peppino«, aber dann, als er seinen Vater gefragt hatte, was es mit diesem Peppino auf sich habe, hatten seine Eltern ihm den Umgang mit der Alten verboten. Er hatte sie nicht vermisst. Wahrscheinlich war sie irgendwann, unbeachtet von der Familie, in ihrer Hütte gestorben. Er erinnerte sich noch an den Garten. Sie hatte einen Zaun aus Kakteen um das kleine Grundstück gepflanzt. Die Kakteen waren so hoch wie Bäume und bildeten einen Wall um das Haus. Man musste den Eingang suchen. Auf den ersten Blick war er nicht zu finden gewesen.

Was ist denn?, fragte Annabella. Was starrst du? Du wirst doch wissen, wo wir ihn finden können.

Er musste sich zusammennehmen, um nicht zu schreien. Er spürte einen heftigen Impuls, sie zu schlagen.

Nein, sagte er, und er hatte Mühe, seine Stimme normal klingen zu lassen, nein, ich weiß nicht, wo wir ihn finden können. Er ist nämlich schon seit drei Wochen tot. Vermutlich hat man ihn längst begraben. Seine Mutter, nehme ich an. Man wird ihn seiner Mutter überlassen haben. Sicher hat sie dafür gesorgt, dass er ein ordentliches Begräbnis bekommen hat. Das ist ihre Aufgabe, findest du nicht? Ich glaube nicht, dass es richtig wäre, wenn wir uns da einmischten.

Du meinst, dass es falsch wäre, wenn man den Tod von Gianluca mit dir in Verbindung bringen würde. Du meinst, es könnte dir Schwierigkeiten machen? Du meinst, die, die ihn verraten hat, ist die Richtige, ihn zu begraben?

Ja, sagte Mario, das meine ich.

Er stand auf, sah auf Annabella herunter, und es war, als sähe er da, wo sie saß, nicht seine Frau, sondern irgendetwas anderes sitzen, etwas, das Stacheln hatte und stank.

In diesem Haus, sagte er, haben wir heute das letzte Mal über diese Sache gesprochen. Hast du das verstanden? Ich gehe jetzt schlafen. Aber vorher nehme ich das Bild von der Wand. Wir können es in den Keller stellen oder verkaufen, wie du willst. Du solltest auch schlafen gehen. Es wird bald Morgen.

Im Schlafzimmer nahm er das Bild von der Wand und schob es unter das Bett. Er würde sich morgen um seinen weiteren Verbleib kümmern. Verkaufen würde das Beste sein. Das überlegte er, während er sich nur flüchtig wusch und anschließend ins Bett legte. Er wartete auf Annabella, aber sie kam nicht. Er dachte daran, aufzustehen und nach ihr zu sehen, aber er verwarf den Gedanken wieder. Sie war ihm plötzlich fremd geworden. Die Verrückte in dem Haus hinter den Kakteen fiel ihm wieder ein. Wahrscheinlich war sie tatsächlich nicht verrückt gewesen. Sie hatte nur eine andere Seite der Wirklichkeit gesehen als die, in der sich die Familie bewegte. Er hatte die Geschichte dieses Peppino später aus anderer Quelle erfahren. Keine angenehme Geschichte, aber sicher notwendig, damals, als durchgedrehte Linke versucht hatten, sich in die Geschäfte einzumischen. Peppino war ihr Anführer gewesen. Er war sicher, dass man ihn gewarnt hatte, obwohl … damals war auch ohne Warnungen gearbeitet worden. Nicht immer mit den feinsten Methoden. Peppino jedenfalls hatten sie entführt, gefoltert und dann seinen Leib mit Dynamitstangen umwickelt, bevor sie ihn auf die Gleise der Eisenbahnstrecke zwischen Palermo und Trapani legten. Anschließend fehlte den Schienen ein Stück, und von Peppino waren seine Brille und seine weißen Clogs übrig geblieben; als Erkennungszeichen sozusagen, denn sein Körper hatte sich in der Landschaft verteilt. Kein schöner Tod, keine schönen Methoden. Aber das waren auch andere Zeiten gewesen, damals. Heute war man klüger. Und wie von selbst kam Mario an dieser Stelle Paola in den Sinn, und der Gedanke an sie trug dazu bei, dass er doch noch ruhig schlafen konnte.

In der Höhle des Löwen

Sie hat nicht übertrieben, sagte Wanda Rosenbaum.

Ihrer Stimme, leise, dezent, zurückhaltend, passend zum Kostüm aus dunkelroter Seide, war Zufriedenheit anzuhören.

Ich weiß nicht, sagte der Major.

Er war in Zivil, leider, denn in Ausgehuniform, so fand er, hätte er zu den Damen besser gepasst.

Sind mir einfach zu viele Kinkerlitzchen.

Kinkerlitzchen?

Die Dichterin hob sanft ihre dunklen Augenbrauen, um eine Frage anzudeuten.

Es überrascht mich, dass Sie das Wort nicht kennen, sagte der Major.

Er hatte noch immer eine gewisse Scheu vor den sprachlichen Fähigkeiten von Caroline Latt. Sie war eine bekannte Dichterin, daran ließ sich nicht zweifeln. Doch wie man wusste, konnte man an der Nützlichkeit solcher Leute durchaus gewisse Zweifel haben. Die Tatsache aber, dass sie die Sprache besser beherrschten als altgediente Militärs, ließ sich nun einmal nicht leugnen. Wohingegen an der Nützlichkeit von Militärs kaum jemand einen Zweifel mehr hatte. Die Zeiten waren vorbei, als rebellierende Studenten vor den Toren der Kasernen Flugblätter verteilten, auf denen die Auflösung der Armee gefordert wurde. Inzwischen wusste man sie in allen Lagern als Garanten von Sicherheit und Ordnung zu schätzen.

Selbstverständlich kenne ich das Wort Kinkerlitzchen, sagte die Dichterin, und sie lächelte dabei so stolz und zugleich mild, als habe sie das Wort erfunden und anschließend in die Welt entlassen, wie eine Mutter ihr flügge gewordenes Kind.

Wanda, der Major und Caroline Latt hatten einen Tisch im *Da Capo* bestellt. Im Augenblick saßen sie an der Bar und warteten darauf, dass ihr Tisch frei würde. Sie hätten es auch einfacher haben können, aber absichtlich hatten sie sich für eine späte Essenszeit entschieden.

Bella Block ging immer erst sehr spät hierher, hatte der Major gesagt.

Heimlich war er noch immer ein wenig in sie verliebt. Das äußerte sich in einer leichten Besorgtheit um Bella, deren unruhiges Leben ihm zu viele Gefahren zu enthalten schien. Wer sollte aber besser dazu geeignet sein, ein Auge auf sie zu haben, als er? War er doch die meiste Zeit seines Lebens auf die Abwehr von Gefahren spezialisiert gewesen. Noch dazu war er der einzige Mann in der Pension, seit der bedauernswerte Franz das Zeitliche auf so tragische und, wie der Major fand, gleichzeitig mutige Weise gesegnet hatte.

Hätte ich ihm gar nicht zugetraut, sagte er, wenn man in der Pension über Franz sprach.

In der letzten Zeit war dort allerdings weniger über Franz als über Bella gesprochen worden. Im *Da Capo* hatte man sie für tot gehalten und angenommen, die Pension müsste informiert werden. Das hatte Luigi übernommen, der an einem trüben Nachmittag plötzlich dort erschienen war. Man trank gerade Tee und langweilte sich miteinander, als er eintraf. Luigi hatte sich einen dunklen Anzug angezogen und seine Trauermiene aufgesetzt. Allerdings hatte er vergessen, die Sonnenbrille abzunehmen, die er immer trug, wenn er ausging.

Die Mafia, sagte Wanda Rosenbaum leise, als er, begleitet von einem der Zimmermädchen, in den Salon trat. Selbstverständlich hatte sie keine Ahnung, wie richtig ihr erster Eindruck war.

Nachdem Luigi mit leiser Stimme Wanda seine traurige Botschaft übermittelt hatte, war er an den Tisch gebeten worden.

Sie hatten ihm Tee eingeschenkt, den er trank, während er den kleinen Finger abspreizte. Über die genauen Umstände von Bellas Ableben befragt, konnte Luigi keine Angaben machen.

Ein Unfall, hatte er schlicht gesagt.

Wer hat Sie denn eigentlich benachrichtigt?, fragte der Major, nachdem er seine Fassung wiedergefunden hatte. Wanda und die Dichterin kämpften noch mit den Tränen.

Ein Mann, antwortete Luigi wahrheitsgemäß.

Dann wurde ihm bewusst, dass diese Antwort den Leuten, denen er gegenübersaß, merkwürdig vorkommen musste.

Ein Mann?, fragte der Major entgeistert. Hat er sich nicht vorgestellt?

Luigi hätte, wenn er bei der Wahrheit geblieben wäre, nur mit Nein antworten müssen, aber seine Wahrheitsliebe war begrenzt. Von einer Behörde, sagte er.

Aus irgendeinem Grund sträubte sich etwas in ihm, das Wort »Polizei« in den Mund zu nehmen. Aberglaube? Jedenfalls überließ er dem Major die ergänzende Bemerkung.

Die Polizei also, sagte der mit tadelndem Unterton. Gleich darauf wurde ihm bewusst, dass die anderen annehmen könnten, sein Tadel habe Bella gegolten, und er beeilte sich, hinzuzufügen: Aber sie muss doch irgendwo gewohnt haben, so als gäbe es eine Pension wie den *Stadtgarten* und besorgte Pensionsgäste überall, wo Bella auftauchte.

Wo genau ist denn der Unfall passiert?, fragte die Dichterin.

Luigi wollte oder konnte darauf keine befriedigende Antwort geben. Das kam den dreien zwar merkwürdig vor, aber sie fragten nicht weiter und besprachen die Sache erst, nachdem Luigi gegangen war.

Wenn Sie meine Meinung wissen wollen, begann der Major, dann sage ich Ihnen, irgendetwas an der Sache ist faul.

Die Frau Block ist tot, und Sie stellen wilde Spekulationen an, bemerkte Wanda.

Jeder hat seine eigene Art, mit Trauer umzugehen, erklärte die Dichterin milde.

Der Major lag ihr nicht, aber nun, in der Trauer um ihre Mitbewohnerin, die sie alle geschätzt hatten, war sie versöhnlich gestimmt. Allerdings kamen ihr ein paar Stunden später, als sie allein zwischen Tausenden von Notizzetteln in ihrem Apartment saß, auch finstere Gedanken. Dies war der zweite Todesfall, den sie in kurzer Zeit in der Pension miterleben musste. Zuerst der Barkeeper Franz, der zwar ein Filou, aber ein interessanter Mensch gewesen war; und nun diese Bella Block, die auf ihre etwas schroffe Art doch dazu beigetragen hatte, dass ihr Leben hier nicht langweilig geworden war. Konnte es sein, dass der *Stadtgarten* das Unglück anzog? Würde sie die Nächste sein, die den Tod zu erwarten hatte? Sollte sie die Pension verlassen? Vor dem Tod fliehen? Wie lächerlich. Vor dem Tod konnte man nicht fliehen.

Und schon gar nicht mit Tausenden von Zetteln im Gepäck, murmelte sie vor sich hin, während sie sich im Zimmer umsah und wieder einmal feststellen musste, dass nirgends auch nur das kleinste Fleckchen Tisch oder Stuhl oder Fußboden nicht von Zetteln bedeckt war. Sie würde also bleiben, nahm sich aber vor, von nun an mit allem, was sie tat, vorsichtiger zu sein.

Natürlich hatte auch Wanda Rosenbaum, nachdem sie die Teerunde aufgehoben hatte, Überlegungen angestellt, wie mit dem zweiten Todesfall in der Pension umzugehen wäre. Glücklicherweise, wenn man in so einem Fall von Glück reden konnte, war ihr Gast im Ausland gestorben. In der Presse würde es kein besonderes Aufsehen geben. Man würde die Adresse des Freundes der Block herausfinden müssen, um ihn mit dem Ausräumen des Apartments zu beauftragen. Aber ein paar Tage wollte sie damit noch warten, aus Pietät der Verstorbenen gegenüber. Außerdem war die Miete bis zum Monatsende bezahlt.

Wanda informierte die Zimmermädchen, am Telefon keine Auskünfte über Bellas Schicksal zu geben und ihr Apartment vorläufig unberührt zu lassen. Dann gab sie sich Überlegungen in Bezug auf einen möglichen neuen Mieter hin, aber sie kam zu keinem endgültigen Schluss. Die Erinnerung an Bella war noch zu stark. Also überließ sie sich ihren traurigen Gefühlen; allerdings erst am Abend, als alle Arbeit getan war, dann aber umso heftiger, und begleitet von einem kräftigen Slibowitz, der Spezialabfüllung, die besonderen Gelegenheiten vorbehalten war.

Auch der Major hatte eine spezielle Art, mit Trauer umzugehen. Er traf sich mit seinem Freund, und die beiden unternahmen ihren gewöhnlichen Zug durch die Gemeinde. Diesmal allerdings war dem Major dabei nach Gesang zumute. Es gibt Hunde, die traurig den Mond anheulen, und ähnlich klang auch der Gesang der beiden betrunkenen alten Männer, sodass sie aus mehreren Kneipen, in denen sie unter anderen Umständen immer gern gesehene Gäste gewesen waren, hinausflogen. Kollmann und sein Freund hatten, wenn es um Gesang ging, durchaus ein Repertoire, wenn auch ein eingeschränktes. Der Text ihres Lieblingsliedes war von Viktor von Scheffel:

Im schwarzen Walfisch zu Ascalon,
Da trank ein Mann drei Tag',
Bis dass er steif wie ein Besenstiel
Am Marmortische lag.

Im schwarzen Walfisch zu Ascalon,
Da sprach der Wirt: »Halt an!
Der trinkt von meinem Dattelsaft
Mehr, als er zahlen kann.«

Im schwarzen Walfisch zu Ascalon,
Da bracht' der Kellner Schar
In Keilschrift auf sechs Ziegelstein'
Dem Gast die Rechnung dar.

Im schwarzen Walfisch zu Ascalon,
Da sprach der Gast: »O weh!
Mein bares Geld ging alles drauf
Im Lamm zu Ninive.«

Im schwarzen Walfisch zu Ascalon,
Da schlug die Uhr halb vier,
Da warf der Hausknecht aus Nubierland
Den Fremden vor die Tür.

Das sangen die beiden, abwechselnd jeder eine Strophe, nur kam Kollmanns Freund nicht mehr dazu, die letzte Strophe zu singen. Der schwarze Hausknecht, nicht aus Nubierland, sondern aus Ghana, warf die beiden vorher auf die Straße.

Nach ein paar Tagen intensiver Trauer, die Wanda Gelegenheit gegeben hatten, den einen oder anderen Slibowitz zu trinken, und Caroline Latt dazu anregten, einen schwachen Versuch des Aufräumens zu starten, ihn aber abzubrechen und verschiedene Gedanken über einen plötzlichen Tod auf verschiedenen Zetteln zu notieren, kamen die beiden und der Major zum Tee zusammen und stellten fest, dass sie unabhängig voneinander daran gedacht hatten, wenn möglich, die näheren Umstände von Bellas Tod zu ergründen. Der Major sah ein wenig lädiert aus. Auch sein nächster Auftritt als Sänger längst vergessener Kleinodien des deutschen Liedschatzes hatte ihm weniger Sympathien eingetragen, als zu vermuten gewesen wäre. Nachdem er und sein Freund am letzten Abend nur bis zur zweiten Strophe eines ihrer anderen Lieblingslieder gekommen waren

In des Waldes tiefsten Gründen,
In den Höhlen tief versteckt,
Schlief der kühnste aller Räuber,
Bis ihn seine Rosa weckt.

»Rinaldini«, ruft sie schmeichelnd,
»Rinaldini, wache auf!
Deine Leute sind schon munter,
Längst schon ging die Sonne auf.«

– das Lied hatte noch neun weitere Strophen, eine schöner als die andere –, hatte er die Kneipentouren mit Gesang wieder aufgegeben und war in sein ziviles Leben zurückgekehrt.

Im Laufe ihres Gesprächs war Caroline Latt, die gern ausging und einen Hang zu verrufenen Kneipen und schlecht beleumundeten Personen hatte, den sie aber nur sehr selten ausleben konnte, auf die Idee gekommen, das Restaurant aufzusuchen, in dem Bella oft gewesen war. Dieser Herr Luigi war von dort gekommen. Hatten sie nicht alle drei ihm gegenüber ein unbestimmtes Misstrauen gespürt?

Nun also saßen sie an der Bar des *Da Capo*, wurden von Luigi zuvorkommend bedient, beobachteten die Gäste, die – Wanda war durchaus in der Lage, das zu beurteilen, und die anderen mussten ihr zustimmen – alle aus besseren Kreisen stammten, und konnten auch nicht eine Spur von »Mafia« entdecken. Mario, der Wirt, hatte sie persönlich an die Bar geleitet. Charmant und zuvorkommend, offen und souverän war er aufgetreten.

Wenn seine Küche so gut ist wie seine Manieren, dann werden wir heute ein kleines Wunder erleben, sagte der Major.

Wie poetisch, stichelte Caroline.

Sie war geradezu erleichtert, dass sich alles hier als harmlos, wenn auch ungewöhnlich elegant herausstellte.

Lassen Sie den Major, sagte Wanda, und es klang ein wenig mitleidig, schließlich war er trotz seiner Blessuren sofort einverstanden gewesen, sie zu begleiten.

Sie sehen doch, es geht Herrn Kollmann noch nicht besonders gut. Er hätte uns auch allein gehen lassen können, aber das hat er nicht getan.

Kam überhaupt nicht in Frage, sagte der Major, der Laden hier hätte ja auch ganz anders aussehen können, und sah dabei von Wanda zu Caroline, ramponiert, wie er war, und deshalb für Lob besonders dankbar. Aber die beiden Frauen beachteten ihn nicht. Beide hielten ihr Glas in der Hand, ohne zu trinken. Wanda hatte Champagner bestellt und die Latt Campari-Soda, wahrscheinlich, weil die rote Farbe in ihrer Hand sich zu ihrer schwarzen Mähne und ihrer schwarzen Kleidung interessant ausnahm.

Sie hielten die Gläser in der Hand und starrten in den Hintergrund des Restaurants. Der Major folgte ihren Blicken. Er sah, nachdem seine Augen sich auf die Dunkelheit dort hinten eingestellt hatten, den Beginn einer Treppe, ein Treppengeländer und eine Frauensperson. Die Person bot einen dramatischen Anblick. Sie hatte ein weißes Gesicht, wildes, zerzaustes Haar, dunkel oder grau, das war nicht genau zu erkennen, ein enges Kleid mit riesigem Ausschnitt, in dem zwei längliche Brüste zu sehen waren, weil die Person sich über das Geländer beugte. Mit aufgerissenen Augen starrte sie in den Raum und schien jemanden zu suchen.

Du lieber Himmel, murmelte er.

Lady Macbeth, sagte Caroline ergriffen.

Junge, Junge, flüsterte Wanda Rosenbaum, unwillkürlich in einen Jargon zurückfallend, den sie in ihrer Zeit in Asien benutzt, aber inzwischen längst abgelegt hatte.

Alle drei sahen nicht, dass Luigi, der ihren Blicken gefolgt war und Annabella ebenfalls entdeckt hatte, mit einer Kopfbewegung Mario auf sie aufmerksam machte. Aber sie sahen Mario, der auf die Frau zuging, sie behutsam am Arm nahm, ihr über das Haar strich, sie hinaufdrängte und mit ihr verschwand. Als er zurückkam – die drei hatten unverwandt weiter auf die Treppe gestarrt –, ging er strahlend und mit federnden Schritten auf Gäste zu, die gerade das Restaurant betraten.

Die drei tranken einen großen Schluck auf das Ende der Vorstellung. Dann stellten sie ihre Gläser endlich wieder ab.

Wenn die Herrschaften mir nun folgen wollen. Luigi stand plötzlich neben ihnen und führte sie an ihren Tisch. Von dort aus war der Treppenaufgang nicht zu sehen, aber sie rechneten auch nicht damit, dass die verwirrte Frau noch einmal auftauchen würde.

Er hat sie eingeschlossen, sagte Wanda.

Als Geschäftsfrau war ihr sofort klar geworden, dass Mario daran interessiert sein musste, Störungen von seinen Gästen fernzuhalten. Und dass eine Frau in einem solchen Zustand für die Gäste eine Störung bedeuten würde, war ihr vollkommen klar. Eine Weile sagte niemand etwas. Sie beschäftigten sich intensiv mit den Speisekarten. Erst, nachdem ein Kellner ihre Wünsche entgegengenommen hatte – Wanda bestellte Trotelli con funghi porcini, Forellenfilets mit Steinpilzen, weil sie auf ihre Figur achten musste; Caroline Minestra di fagioli, Triestiner Bohnensuppe, vielleicht in der Annahme, dass Rilke eine solche Suppe gegessen haben mochte, und der Major Involtini all'Emiliana, weil das Wort »Rouladen« ihn unvermittelt an glückliche Kindertage erinnerte –, brach der Major das Schweigen.

Dies hier hat doppelten Boden, sagte er. Das Gelände ist vermint. Ich schlage einen geordneten Rückzug vor.

Wanda sah fragend auf Caroline. Für sich selbst hatte sie schon längst entschieden, dass der Ausflug ins *Da Capo* sinnlos gewesen war.

Die arme Frau, sagte Caroline. Sollen wir sie wirklich ihrem Schicksal überlassen?

Nun machen Sie aber mal einen Punkt, flüsterte der Major mit nur mühsam unterdrückter Wut. Bin ich Bruder Teresa?

Wohl kaum, antwortete Caroline spitz.

Und Sie schon gar nicht, gab der Major zurück.

Da dürfte unser Herr Kollman Recht haben, sagte Wanda gelassen. Und was mich angeht, so stelle ich fest, dass das Essen hier vorzüglich ist, dass dieser Luigi ein harmloser Trottel ist, der sich verkleidet, wenn er in der Gesellschaft ernst genommen werden will, und dass es in jeder Familie Probleme gibt. Das ist normal. Wir sind nicht dazu da, uns um die privaten Probleme unserer Mitmenschen zu kümmern, besonders dann nicht, wenn wir sie gar nicht kennen.

Die Probleme oder die Mitmenschen?

Caroline hatte heute wirklich ihren spitzfindigen Tag. Aber vielleicht war sie ja immer so? Es war doch selten, dass man länger als eine halbe Stunde beisammensaß, beim Tee oder zufällig beim Frühstück. Deshalb konnte eigentlich niemand wissen, wie sie wirklich war.

Sind die Herrschaften zufrieden?

Mario war mit strahlendem Lächeln an ihren Tisch getreten. Er griff nach der Weinflasche und betrachtete das Etikett.

Sie haben eine gute Wahl getroffen, sagte er. Sind Sie schon auf Sizilien gewesen? Es kommt nicht oft vor, dass Gäste einen Nero di Tavola bestellen. Gefällt er Ihnen?

Ja, antwortete der Major, wir nehmen noch eine Flasche.

Mario entfernte sich, und der Major sagte entschuldigend: Zu irgendetwas muss dieser Abend doch gut gewesen sein.

Nachdurst?, fragte Caroline.

Aber sie lächelte dabei. Die Aussicht auf eine zweite Flasche Wein stimmte sie freundlich.

Sie haben schon vergessen, weshalb wir gekommen sind,

dachte Wanda, die in ihren Gästen, von deren Zahlungsfähigkeit sie allerdings überzeugt sein musste, stets halbe Kinder sah. Aber es war ihr recht so. Sie hatten sich darum bemüht, etwas Licht in das Dunkel um Bellas Tod zu bringen. Mehr konnte niemand von ihnen erwarten. Dass es nicht gelungen war, war nicht ihre Schuld. Und außerdem: Vielleicht gab es gar kein Dunkel? Weshalb waren sie darauf gekommen? Nur, weil dieser Luigi eine Sonnenbrille getragen hatte? Nun würde das Leben weitergehen, möglichst ruhig und auf hohem Niveau.

In diesem besonderen Fall geht die Rechnung an mich, sagte Wanda, einem Anfall von Großzügigkeit nachgebend. Der Major runzelte die Stirn. Er ließ sich nur ungern von Damen einladen.

Nicht an mich, natürlich, ergänzte Wanda, die feinfühlig, wie sie war, und immer auf das Wohl ihrer Gäste bedacht, die Bedenken des Majors sofort verstanden hatte.

Die Rechnung geht an die Pension. Schließlich müssen Kosten gemacht werden, nicht wahr?

Es war dann auch Wanda, die die dritte Flasche Nero di Tavola bestellte. Der Wein war wirklich gut. Er trug dazu bei, dass die drei sich schließlich in gelöster, friedlicher Stimmung auf den Heimweg machten. Sie waren die letzten Gäste, die das Restaurant verließen, von Mario zuvorkommend bis zur Tür begleitet und von Luigi mit misstrauischen Augen verfolgt.

Annabella und die Wahrheit

Annabella war seit Tagen nicht mehr ausgegangen. Sie weigerte sich, ihr Zimmer zu verlassen. Stundenlang saß sie im Bad auf dem Rand der Badewanne und starrte vor sich hin. Sie schloss ihr Zimmer nicht ab, und auch die Tür zum Bad blieb offen, sodass Mario jederzeit zu ihr kommen konnte. Sie saß da, als wartete sie auf etwas, und wenn sie Mario hörte, hob sie den Kopf und sah ihn erwartungsvoll an.

Annabella war »von Sinnen« und gleichzeitig so wach und nüchtern, wie sie lange nicht mehr gewesen war; wahrscheinlich zuletzt als junges Mädchen, als sie begonnen hatte, die Welt zu entdecken, und alles, was sie sah und hörte und erlebte, dazu beitrug, die Muster, die sie zu erkennen glaubte, zu verstehen. Diese Wachheit war irgendwann verloren gegangen. Wenn sie genau überlegte, fiel ihr auch ein, wann das gewesen war. Als sie sich zum ersten Mal intensiv mit einem Mann eingelassen hatte, bevor sie Mario kennenlernte. Sie hatte zwei Jahre lang einen festen Freund gehabt. Mit ihm hatte sie ihre Wachheit verloren und war in eine Welt der Abgeschlossenheit und Sicherheit eingetaucht, die wie eine Betäubung auf sie gewirkt hatte. Dieses Gefühl war ihr nicht unangenehm gewesen, obwohl sie gleichzeitig immer wusste, dass sie die Wachheit hätte vorziehen sollen. Dann war Mario gekommen. Er war älter als sie. Er war noch verheiratet. Er war ein stürmischer Liebhaber. Er war auf Erfolg aus. Er wusste, was er wollte. Er hatte Freunde, die ihn unterstützten. Er hatte Geheimnisse, die er nicht mit ihr teilte. Er war so, wie sie sich ihren Mann immer vorgestellt hatte. Die neue Sicherheit, die sie im Zusammenleben mit ihrem ersten Freund noch erstaunt bemerkt und auch ein wenig bedauert hatte, weil sie ahnte, was sie dafür aufgegeben hatte, verwandelte sich mit Mario in ein grenzenloses Gefühl der Hingabe. Sie und Mario waren ein Ganzes. Was ihm geschah, das geschah auch ihr. Mit ihm konnte ihr nichts mehr zustoßen. Sie war endgültig sicher und aufgehoben. Sie vermisste nichts mehr, weder ihre Unabhängigkeit noch ihre Wachheit noch den Drang, alles um sich herum nach der darin wohnenden Wahrheit zu befragen. Sie war angekommen. Die Welt war in Ordnung. Die Illusion, die seit Hunderten von Jahren den Frauen die bürgerliche Ehe schmackhaft machte, hatte auch von Annabella Besitz ergriffen.

Annabella war nicht dumm. Natürlich wusste sie, dass der Zustand grenzenlosen Verliebtseins sich irgendwann ändern würde. Aber sie wusste auch, dass selbst dann das Gefühl des »Angekommenseins« bleiben würde. Und so war es gewesen. Sicher waren ihr im Laufe der Jahre ein paar Details am Bild von Mario bewusst geworden, die sie am Anfang übersehen hatte. Nicht solche Kleinigkeiten wie schmutzige Socken auf den Stühlen im Schlafzimmer anstatt in der Wäschetruhe oder seine Angewohnheit, vor dem Spiegel, wenn er sich unbeobachtet glaubte, Haltungen à la Napoleon oder John Wayne auszuprobieren. Solche Dinge amüsierten sie nur. Sie wurden unter dem Stichwort »Männer« abgelegt. Es waren eher die Geheimnisse, die sie am Anfang ihrer Bekanntschaft fasziniert hatten und die sie nun längst deutlicher zu erkennen gelernt hatte, die ins Gewicht fielen. Da war zum Beispiel die offenbar unverbrüchliche Freundschaft mit Luigi. Da waren regelmäßige Geldsummen, die an Empfänger gingen, die ihr nicht bekannt waren, und die hohen Bargeldbeträge, die bei genauerer Prüfung nicht mit ihren Einnahmen übereinstimmten und am Freitag bei ihrer Bank eingezahlt wurden. Mario machte einmal im Jahr Urlaub mit Freunden, die sie nicht kannte und von denen sie das ganze Jahr über nichts hörte.

Es gab solche und andere Zeichen, die sie sich nach einiger Zeit ganz gut zusammenreimen konnte. Sie hatte Mario gegenüber ihre Vermutungen nicht verschwiegen. Und er, dafür hatte sie ihn besonders geliebt, hatte ihr lächelnd gesagt, dass sie vielleicht Recht habe. Sie hatte darauf verzichtet, nach Einzelheiten zu fragen. Wozu? Wenn Mario sie brauchte, und das kam selten vor, sagte er ihr, was sie zu tun hatte. Mehr geschah nicht; außer, dass sich ihr Wohlstand vermehrte, dass ihr Leben angenehm wurde; dass sie Einladungen erhielten von Leuten, die in der Politik eine Rolle spielten; dass sie, wenn sie Lust hatten, im besten Tennisclub und im vornehmsten Golfclub der Stadt zu Mittag essen konnten.

Als Mario beschloss, das Studium seiner Nichte Paola zu finanzieren, hatte Annabella wohlwollend zugestimmt. Paola war ein kluges Mädchen, ehrgeizig und außerdem eine Augenweide. Manchmal ging sie mit ihr einkaufen. Es war ein Vergnügen, dabei zuzusehen, wie die Verkäufer sich überschlugen, ihre Wünsche zu erraten. Und Paola blieb bei all dem Theater bescheiden. Hinterher amüsierten sie sich gemeinsam bei *Doc Cheng* im *Hotel Vier Jahreszeiten* über diese Übereifrigen. Und als Mario ihr erklärte, dass Gianluca in Zukunft öfter nach Hamburg kommen und vielleicht, wenn er geeignet wäre, später einmal das *Da Capo* übernehmen würde, war Annabella sofort einverstanden gewesen. Dass Marios Sohn als Koch in Palermo arbeitete, wusste sie. Sie erinnerte sich genau an den Augenblick, als Gianluca dann kam:

Sie hatte an der Kasse im Restaurant gesessen. Das Restaurant war geöffnet, aber es waren noch keine Gäste da. Das Licht im Raum war nicht besonders hell. Draußen fiel die Dämmerung ein. Die Tür ging auf. Gianluca blieb einen Augenblick auf der Schwelle stehen. Das Licht hinter ihm war heller als das Licht im Restaurant. Sie sah auf und sah ihn an, aber Gianluca sah nicht sie an, sondern das Bild, das in ihrem

Rücken an der Wand hing. Er sah es an und lächelte. Palinuro, hatte sie gedacht.

Wenn sie jetzt zurückdachte, verstand sie, dass die Faszination dieses Augenblicks nur möglich war, weil sie sich all die Jahre in Sicherheit gewiegt und das eigene Denken, die Wachheit, aufgegeben hatte. Wenn sie bei Verstand gewesen wäre, dann hätte sie schon in diesem Augenblick bemerken müssen, dass Gianluca mit Frauen nichts im Sinn hatte. Stattdessen hatte sie sich so hemmungslos in den Jungen verliebt, dass es ihr manchmal so vorgekommen war, als könnte sie ohne seine Gegenwart nicht mehr leben. Natürlich war Gianluca jedes Mal nur ein paar Tage in Hamburg gewesen. Sie hatte sich angewöhnt, in der Zwischenzeit »sein Bild« zu bewundern. Mario hatte gar nichts von all dem mitbekommen. Luigi schon, aber den hatte sie nicht ernst genommen. Nur ihre Distanz zu Mario war größer geworden. Aber seine Geschäfte waren ihr noch immer gleichgültig, im Gegenteil, wenn sie dazu beitrugen, dass Gianluca nach Hamburg kam, sollten sie ihr recht sein.

Und dann war jener fürchterliche Tag gekommen, an dem sie beschlossen hatte, Gianluca die Wahrheit zu sagen. Das heißt, eigentlich hatte sie es gar nicht wirklich beschlossen. Sie hatte nur plötzlich gewusst, dass jetzt der Augenblick gekommen war. Vielleicht war sie durch ein Lächeln von ihm ermuntert worden. Der Junge war ihr gegenüber immer freundlich gewesen, manchmal sogar übermütig; bezaubernd eben.

Sie stand in ihrem Zimmer, als er in der Tür erschien. Luigi hatte ihn geschickt mit irgendeiner Frage. Wieder dieser Anblick des Jungen in der offenen Tür, diesmal vor einem dunklen Hintergrund. Sie ging ihm entgegen, zog ihn ins Zimmer, schloss die Tür hinter ihm und blieb vor ihm stehen. Gianluca war nur wenig größer als sie. Sie sah ihm in die Augen, sah ihn lächeln und wartete darauf, dass er sie umarmte. Sie sah, wie das Lächeln auf seinem Gesicht verschwand und stattdessen ein Ausdruck von Abwehr und Verlegenheit darauf erschien.

Aber ich liebe dich nicht, sagte Gianluca.

Du weißt nicht, was du sagst, antwortete sie.

Sie legte die Hände auf seine Schultern und lächelte ihr schönstes Lächeln. Jetzt, hinterher, dachte sie, dass ihr Lächeln verzerrt gewesen sein musste.

Ich liebe überhaupt keine Frauen, sagte Gianluca und nahm ihre Hände von seinen Schultern. Und als sie versuchte, nach seinen Händen zu greifen, mit hässlicher Stimme: Du bist Marios Frau. Hast du das vergessen?

Er wandte sich um und ging zur Tür. An der offenen Tür drehte er sich noch einmal um. Sie stand in der Mitte des Zimmers, mit hängenden Armen und hängenden Schultern und hängendem Busen. Sie war nicht mehr sie selbst. Sie war in diesem Augenblick nicht die strahlende Annabella, die Gäste bezauberte, die Mario liebte, auf die er lächerlich stolz war. Und der Abstand zwischen Gianluca und ihr betrug nicht drei oder vier Meter, sondern war groß wie das Meer, und die Schaumkronen, die darauf schwammen, waren schmutzig. Sie hießen Ekel, Verachtung, Erniedrigung und Verzweiflung. Den Blick, mit dem Gianluca sie angesehen hatte, würde sie nie mehr vergessen.

Später, als sie endlich versuchte, ihre Fassung wiederzugewinnen, sagte sie sich, dass Gianluca auch anders mit der Situation hätte umgehen, dass er ihr die Erniedrigung hätte ersparen können. Die Tatsache, dass er dazu nicht in der Lage gewesen war, sprach nicht für ihn. Sie versuchte auf alle möglichen Arten, den Jungen vor sich selbst herabzusetzen, ihm wenigstens jetzt das kleine Format zu geben, das er vermutlich in Wirklichkeit hatte. Es half nichts. Sie war nicht in der Lage, ihre Gefühle für ihn zu unterdrücken. Sie war noch immer versucht, ihm bei Tisch auf eine bestimmte Weise zuzulächeln, allzu freundlich mit ihm zu sprechen, ihm den Wein zu reichen, bevor sein Glas leer war. Sie fühlte sich dabei außerordentlich unwohl, sie war unglücklich und suchte verzweifelt nach einem Ausweg; irgendetwas, das sie von dem Jungen fernhielte, sodass sie ihn nicht mehr sehen und nicht mehr in Versuchung geführt werden könnte.

So war die Situation, als sie eines Morgens neben Mario aufwachte. Sie sah ihn an. Er schlief noch, aber sie ahnte, dass er gleich aufwachen würde. Sie hatten in der Nacht miteinander geschlafen. Annabella hatte gespürt, dass Mario ihr nicht gleichgültig war. Wie einfach könnte das Leben sein, wenn sie nicht von dieser verzweifelten Sehnsucht nach dem Jungen besessen wäre. Sie wollte dem ein Ende machen, wenn nötig ein gewaltsames Ende. Und Mario musste ihr dabei helfen. Unmöglich hätte sie ihm sagen können, dass sie seinen Sohn begehrte. Aber er hatte die Macht, den Jungen fernzuhalten. Wenn sie ihn nicht mehr sähe, eine lange Zeit nicht mehr sähe, dann würde sich alles beruhigen. Gianluca würde aus ihrem Leben und aus ihren Träumen verschwinden. Sie könnte wieder heiter und unbeschwert sein, wie vorher, ehe diese verrückte Liebe über sie gekommen war.

Als Mario aufwachte, griff sie nach seiner Hand und erzählte ihm »alles«, das heißt, die falsche Version der Geschichte. Sie schloss damit, dass Gianluca versucht hätte, sie zu vergewaltigen.

Das war am Tag, nachdem Gianluca abgereist war. Sie ahnte, dass sie einer Gegenüberstellung nicht standgehalten hätte. Sie war schon, während sie sprach, nicht mehr sicher, ob richtig wäre, was sie sich da ausgedacht hatte. Und als sie Marios Reaktion sah – er blieb sehr gelassen, ja beinahe gleichgültig –, begann sie zu ahnen, dass sie einen großen Fehler gemacht hatte.

Du wirst dem Jungen doch nichts tun?, fragte sie.

Er ist alt genug, um zu wissen, was er tut. Und alt genug, die Konsequenzen zu tragen, antwortete Mario.

Er ging zur Tagesordnung über, als wäre nichts geschehen. Aber sie kannte ihn. Und als er auch an den nächsten Tagen nicht mehr darüber sprach, kam ihr ein schrecklicher Verdacht, und sie beauftragte ihre neue Freundin Bella, ein Unglück zu verhindern.

Gianluca war tot. Und Bella war verletzt.

Und sie, Annabella, hatte beide auf dem Gewissen. Wie sollte sie mit dieser Schuld leben? Wie mit dem Mann zusammenleben, der das Verbrechen organisiert hatte? Und was brachte einen Menschen wie Mario dazu, seinen eigenen Sohn töten zu lassen? Waren es die Geschäfte, in die er verwickelt war?

Es gab keinen Grund mehr, sich Illusionen zu machen. Mario war ein Mörder, auch wenn er nicht selbst mordete. Es war ein Leichtes für ihn, jemandem den Auftrag zu einem Mord zu geben. Er hatte die Macht dazu. Sie lebte mit einem Mörder zusammen.

Wenn Mario in der Nacht das Schlafzimmer betrat, dann roch sie nicht mehr wie bisher den Zigarettenrauch und den letzten Whiskey, den er an der Bar mit Luigi getrunken hatte. Annabella roch Blut.

Alles hatte mit Blut zu tun. Sie mochte nicht mehr essen, weil das Essen von Blutgeld gekauft war. Sie mochte ihre Kleider nicht mehr tragen. Sie waren mit Blutgeld bezahlt. In einem Kasten auf dem Dachboden fand sie altes Zeug, das sie vor ihrer Ehe mit Mario getragen hatte. Sie holte es herunter und zog die Sachen an. Sie sah aus wie ein Gespenst, aber sie nahm es gar nicht wahr. Ganz langsam begann sie, sich einzubilden, dass etwas geschehen müsste. Sie müsste dafür sorgen, dass Gianlucas Mörder gefasst würde.

Und wenn das bedeutete, dass Mario ins Gefängnis käme?

Der Gedanke kam so plötzlich und beherrschte sie so vollkommen, dass sie eine Weile brauchte, um damit fertigzuwerden. Aber sie wurde damit fertig, irgendwann, und dann fühlte sie sich sogar erleichtert. Sie würde alles hinnehmen, um diese schreckliche Situation zu ändern, in der sie jetzt lebte: Abends der Mörder in ihrem Bett, tagsüber schmutzige Geschäfte, die, davon war sie inzwischen überzeugt, jederzeit andere Morde erforderlich machen könnten. Sie war nun geradezu besessen davon, Mario mitzuteilen, was sie vorhatte.

Die Nacht, in der sie mit Mario sprach, war eine stürmische, regnerische Nacht. Sie hatten weniger Gäste gehabt als sonst und das Restaurant früher geschlossen. Annabella kam die Treppe herunter, während Mario mit Luigi an der Bar stand. Sie gab sich Mühe zu lächeln, hatte sich die Haare gekämmt und sich geschminkt.

Mario machte Luigi ein Zeichen. Der verstand und verabschiedete sich sehr schnell.

Geht es besser? Was möchtest du trinken?, fragte Mario.

Irgendetwas, sagte sie, ich bin nicht deshalb gekommen.

Nicht?

Mario war hinter die Bar gegangen und wandte ihr den Rücken zu. Er beobachtete sie im Spiegel, während er gleichzeitig die Flaschen musterte, die davor aufgebaut waren.

Wir werden ein Ende machen, Mario, sagte Annabella.

Ein Ende?

Mario wandte sich um und sah sie an. Er sah, dass sie sich Mühe gegeben hatte, sich zurechtzumachen. Aber der grellrote Lippenstift war verschmiert, und die Augen, die sie schwarz umrandet hatte, lagen tief in den Höhlen. Er war traurig darüber, wie zerstört sie aussah.

Ich weiß, dass du es warst, der die Anweisung gegeben hat, Gianluca umzubringen.

Wir wollten davon nicht mehr reden.

Und ich weiß auch, was deine Geschäfte in Wirklichkeit bedeuten.

Das war gelogen. In Wirklichkeit hatte Annabella kaum mehr als Vermutungen über das, was Mario tat, wenn er nicht mit dem Restaurant beschäftigt war.

Mario lachte. Er lachte sehr laut, übertrieben laut, er begann zu ahnen, worauf das Gespräch hinauslaufen würde, und versuchte, seine Ahnung niederzuhalten.

Lach nur, sagte Annabella. Du hast Recht: Es hat mich nicht interessiert. Aber andere Leute wird es interessieren. Sie werden den Mord an Gianluca untersuchen und herausfinden, dass wir damit in Verbindung stehen. Dann werden sie anfangen, sich zu fragen, wie es kommt, dass jemand, zweitausend Kilometer entfernt, in einem anderen Land, so viel Einfluss hat, dass er Mörder finden und sie beauftragen kann, jemanden umzubringen.

Mario schwieg und sah Annabella an. Es war offensichtlich, dass sie ernst meinte, was sie sagte. Sie war verrückt geworden. Sie hatte wirklich die Absicht, ihrer beider Existenz aufs Spiel zu setzen wegen so einer Geschichte.

Du willst mich ruinieren?

Nein, sagte Annabella, uns. Du vergisst, dass ich deine Frau bin.

Wie könnte ich das vergessen, dachte Mario. Er wusste, er musste reagieren. Er musste ihr diese verrückten Überlegungen ausreden. Aber wie? Er musste überlegen. Er brauchte Zeit. War sie schon so weit, dass sie jederzeit loslaufen und ihn an die Polizei verraten könnte?

Ich möchte, dass wir morgen, nachdem wir geschlafen haben, in aller Ruhe darüber sprechen, sagte er. Was wir tun, werden wir zusammen tun. Versprich mir das, so wie ich es dir verspreche.

Mario kam hinter der Bar hervor, legte seinen Arm um die Schulter von Annabella und führte sie die Treppe hinauf. Sie leistete keinen Widerstand.

Man muss dafür sorgen, dass sie sich beruhigt, dachte er. Paola muss kommen. Sie muss mit ihr reden.

Kranz

Bella hatte das Gefühl, noch niemals vorher so große Lust gehabt zu haben, ihr Leben zu genießen. Als Kranz sie aus dem Krankenhaus in Bagheria abholte, überredete sie ihn, nicht sofort nach Palermo ins Hotel zu fahren.

Wenn wir schon hier sind, lass uns ein paar Dinge ansehen, sagte sie.

Hier? Was soll es denn hier anzusehen geben?

Der Arzt, der mich behandelt hat, war wild entschlossen, mit mir auf Sightseeing-Tour zu gehen. Ein netter Mensch übrigens. Sei froh, dass ich ihn abgewimmelt habe. Es gibt hier ein paar Villen zu besichtigen, die der Adel aus Palermo im siebzehnten und achtzehnten Jahrhundert hat bauen lassen. Das Meer liegt in der Nähe.

Badehütten willst du ansehen?

Aber dann war Kranz doch überrascht von den prunkvollen Palästen, die er als Badehütten bezeichnet hatte. Einige waren aufwändig renoviert. Nur die Gärten gab es nicht mehr.

Bauspekulationen der Mafia in den siebziger und achtziger Jahren, sagte Bella. Und während sie auf ein paar jämmerliche Überreste von Palmen und Pinien schauten, stellten sie sich die Gärten vor, an deren Ende das Meer zu sehen ist, und prächtig gekleidete Damen und Herren, die in Kutschen zum Baden gefahren werden. Lass uns gehen, sagte Bella. Das erinnert nun doch zu sehr an Lampedusa.

Lampedusa?

Später, antwortete sie. Jetzt ist noch Guttuso an der Reihe.

Der Maler, dessen Bilder im Restaurant von Mario hängen?

Genau der. Er ist hier geboren. Als Kind hat er gesehen, wie jemand in seiner Straße erschossen wurde. Vielleicht hat die Familie da schon in Palermo gelebt. Er hat die Szene später gemalt. Ein eindrucksvolles Bild. Lass uns sehen, ob wir es im Museum finden.

Guttusos Bilder hingen in der Villa Cattolica, ebenfalls eine Badehütte der feinen Art. Die Mordszene hing dort nicht, dafür ein paar Porträts von Zeitgenossen und eine Zeichnung von Sibilla Aleramo, deren Tagebücher Bella vor Jahren gelesen hatte. Sie entdeckte auch ein Gemälde von Carlo Levi, von dem sie wusste, dass er Arzt und Schriftsteller und Maler gewesen war, dessen Bilder sie aber noch nie gesehen hatte.

Christus kam nur bis Eboli, sagte sie.

Und ich komme nur bis Bagheria. Dabei wollte ich schon längst mit dir im Hotel sein und Rotwein trinken, und dann könnten wir uns lieben. Habe ich gedacht. Stattdessen dreihundertjährige Badehütten, Maler und Schriftsteller.

Mach dich nicht lächerlich, sagte Bella. Nichts läuft uns weg, außer das Leben. Merkst du das nicht?

Kranz fasste nach ihrer Hand. Sie entzog sie ihm nicht.

Auf dem Weg nach Palermo gab es einen kleinen Disput. Bella hatte absolut keine Lust, in das Hotel zu ziehen, das Kranz gebucht hatte.

Ich will nicht neben diesen eingebuchteten Gespenstern logieren, sagte sie. Eine merkwürdige Idee, die du da gehabt hast. Vielleicht erinnerst du dich? Vor gut zwei Wochen bin ich beinahe deren Opfer geworden. Ich entdecke gerade eine wahnsinnige Lust zu leben. Der Anblick eines Hochsicherheitsgefängnisses passt einfach nicht dazu.

Du hast dich verändert, sagte Kranz. Früher hätte dich so ein Anblick nicht aus der Fassung bringen können.

Früher bin ich dem Tod auch nicht so knapp von der Schippe gesprungen, antwortete sie.

Beide schwiegen eine Weile. Sie waren am Bahnhof in Palermo angekommen, saßen im Auto und schlichen im Schritttempo inmitten von Autos und Motorrädern die Via Roma hinauf, noch immer in Richtung des Hotels *Ucciardhome*. Kranz stellte sich vor, was Bella in Corleone erlebt hatte. Sie war nachts auf der Straße gewesen, und dann plötzlich hatte sie zwei Kerlen gegenübergestanden, die auf sie geschossen hatten. Nur ein glücklicher Zufall – er mochte den Gedanken nicht zu Ende denken und griff nach Bellas Hand, als wollte er sich vergewissern, dass es sie noch gab.

Bella war damit beschäftigt, die Häuserfronten rechts und links zu mustern.

Wie bist du eigentlich von Corleone nach Bagheria gekommen, so schwer verletzt? Gibt's hier so etwas wie ein funktionierendes Rettungswesen?

Keine Ahnung, sagte Bella. Ich bin mit einem Taxi befördert worden.

Welcher Taxifahrer nimmt denn eine Schwerverletzte mit? Bei uns doch keiner!?

Hier wahrscheinlich auch nicht. Ich glaube, es war ein besonderes Taxi, das mich mitgenommen hat. Halt mal an.

Hier?

Ja, genau hier.

Absolut unmöglich, sagte Kranz. Weshalb denn?

Weil hier das Hotel ist, in dem wir absteigen werden.

Im langsamen Vorüberfahren an einem Hotel hatte Bella auf einer Tafel gelesen, dass Wagner dort Gast gewesen war.

Richard Wagner, sagte sie, der hat nur in den feinsten Hotels gelebt. Was Wagner recht war, wird uns billig sein.

Billig nun nicht gerade, sagte Kranz, als er später von der Rezeption zu Bella trat, die im Foyer saß und die Gäste aus aller Welt anstarrte, als hätte sie noch nie Japaner und Chinesen und Amerikaner gesehen.

Russen fehlen, sagte sie statt einer Antwort.

Das kann nur ein Zufall sein, erwiderte Kranz. Er sollte Recht behalten.

Die beiden bekamen ein Zimmer, groß wie ein kleiner Ballsaal, mit Spiegeln in vergoldeten Rahmen, dunkelroten Portieren, die goldene Troddeln am Saum hatten, und dunkelrot gepolsterten, zierlichen Sofas und Sesseln.

Nach Lebensfreunde sieht die Einrichtung nun gerade nicht aus, bemerkte Kranz.

Ich glaube, mir gefällt es trotzdem, antwortete Bella.

Ihre Stimme klang ein wenig kleinlaut, und als sie Kranz ansah, lachten sie beide.

Später betrachtete Kranz erschrocken und ehrfurchtsvoll das Pflaster, das Bella über der linken Brust trug. Das war wirklich sehr nahe am Herzen.

Und diese Paola, die war zufällig dort?, fragte er.

Ich weiß es nicht. Eigentlich glaube ich nicht an Zufälle.

Und welchen Grund könnte sie gehabt haben, in dieses gottverlassene Corleone zu kommen, nachts? Zumindest im Dunkeln? Und woher kannte sie dich?

Ich hab' sie bei Mario kennengelernt, sagte Bella. Sie hat irgendwie mit Mario und Annabella zu tun. Eine Verwandte, glaube ich. Sizilianer haben große Familien.

Und dein Freund Mario ein großes Herz?

Wenn er ein großes Herz hätte, würde Gianluca noch leben, sagte Bella, und ihr Gesicht verdüsterte sich. Es war ihr noch einmal klar geworden, dass sie, wenn sie nach Hause käme, zur Polizei gehen müsste. Zu Annabella, um sie zu trösten; zur Polizei, um ihre Vermutungen über Mario zu Protokoll zu geben.

Was ist? Was hast du?, fragte Kranz.

Bella brauchte eine Weile, um ihm die ganze Geschichte auseinanderzusetzen: von Annabella, die sich nicht anders zu helfen gewusst hatte, um Gianluca loszuwerden, als ihn bei Mario anzuschwärzen, über Paola, die in Neapel und in Bagheria aufgetaucht war, bis zu der am Telefon heulenden Annabella, die angenommen hatte, sie wäre tot, und sich freute, dass sie am Leben war.

Danach hatte sie eine Weile Gelegenheit, sich die Vorwürfe von Kranz anzuhören.

Das ist mit Sicherheit die dümmste Geschichte, auf die du dich bisher eingelassen hast, sagte er.

Du vergisst, wie langweilig …

Hör mal: Wenn dich das Leben in deiner Pension so langweilt, dass du, nur um Abwechslung zu haben, einen Mafioso vor einer schlechten Tat retten musst …

Einen Mafioso?

Na, was hast du denn geglaubt? Das riecht doch ein Blinder mit dem Krückstock!

Und was rätst du? Was soll ich tun?

Es gibt nur eine einzige Sache, die ich dir raten kann; die jeder vernünftige Mensch dir raten würde: Lass die Finger von der Geschichte. Lass die Finger von der ganzen Familie. Lass diese Annabella ihre Probleme allein lösen. Halt dich fern vom *Da Capo*. Das meine ich ernst.

Ja, dachte Bella, er hat Recht.

Du hast Recht, sagte sie. Manchmal ist es doch gut, einen Erwachsenen um Rat zu fragen.

Du nimmst mich nicht ernst, verdammt noch mal, sagte Kranz. Er war beleidigt.

Natürlich nehme ich dich ernst, sagte Bella. Versprochen. Die Familie Travani wird in Zukunft ohne meine Hilfe auskommen müssen. Und was machen wir jetzt?

Heute? Nichts mehr, außer essen und Wein trinken und uns lieben, antwortete Kranz.

Und Bella, froh unter Lebenden zu sein und bereit, dafür alles zu vergessen, was sie an Erfahrungen mit sich selbst bisher gemacht hatte, stimmte Kranz vorbehaltlos zu.

Paolas Strategie geht auf

Das Büro, das Paola nun schon seit einer Woche jeden Morgen zwischen neun und zehn Uhr betrat, lag im Rathaus und war zu ihrer Zufriedenheit ausgestattet. Ein eleganter Schreibtisch aus dunklem Holz, mit rotem Leder bezogene Stühle und Sessel, eine kleine Pantry, in der sie für wichtige Besucher den Kaffee selbst zubereitete, eine Telefonanlage, die direkte Verbindung zu allen wichtigen Personen und Institutionen auf Knopfdruck herstellte – alles war so, wie sie es brauchte.

Paola war eine nüchtern denkende Frau. Die Leichtigkeit, mit der sie die Herren in Palermo von der Praktikabilität ihrer Vorschläge überzeugt hatte, konnte sie ihren Kenntnissen der Verhältnisse auf der europäischen Bühne zuschreiben. Ein wenig dabei mitgeholfen hatten sicher auch ihr Aussehen und ihr selbstbewusstes Auftreten, wenn es auch nicht entscheidend gewesen war. Aussehen und Auftreten aber konnten an einer anderen Front, der sie sich zuwenden musste, bevor alles seine Ordnung hätte, durchaus auch ein Hindernis sein. Seit den Morden an Falcone und Borsellino waren die Haftbedingungen für die einsitzenden Bosse verschärft worden. Besuchserlaubnis gab es nur noch für deren Ehefrauen: einmal im Monat. Auf denen lag jetzt die Last der Geschäfte. Sie waren die Einzigen, die bestimmte Überlegungen, die im Hochsicherheitstrakt entstanden, in die Tat umsetzen konnten. Und soweit sie wusste, funktionierte das auch. In Zukunft würde es aber nötig sein, manche Geschäftsbereiche umzustrukturieren, Maßnahmen, die nicht ohne die Zustimmung der Männer im Gefängnis umgesetzt werden könnten; jedenfalls nicht, wenn man unnötiges Aufsehen vermeiden wollte. Von der Notwendigkeit solcher

Umstrukturierungen konnten die Männer in den Gefängnissen aber nichts wissen. Sie waren seit Jahren von der Außenwelt isoliert, und diese Welt änderte sich. Sie änderte sich schneller, als manche es sich träumen ließen oder träumen lassen wollten. Die Ehefrauen also würden ihren Männern die veränderte Situation nahelegen müssen.

Paola wusste, dass sie die Frauen auf ihre Seite bringen musste, wenn die Geschäfte gut laufen sollten; wenn sie für alle gut laufen sollten. Aber Paola war eine Männer-Frau. Sie hatte nie ein besonderes Verhältnis zu Frauen gehabt. Ihre Vorbilder waren immer die Männer der Familie gewesen. Und auch, als sie alt genug geworden war, um darüber nachdenken zu können, wo denn die Fehler verborgen waren, die dazu beitrugen, dass eines ihrer Vorbilder nach dem anderen hinter den Mauern der Gefängnisse verschwand, war sie nie auf die Idee gekommen, danach zu fragen, ob das mit der einfacheren Struktur des männlichen Gehirns zu tun haben könnte. Für sie gab es nur konkrete Ursachen, die erkannt und verändert werden mussten. Zu diesen Ursachen gehörten, neben der im Übermaß angewendeten Gewalt, auch sinnloses Konkurrieren der Familien untereinander, übertriebenes Misstrauen ausländischen Geschäftspartnern gegenüber, mangelnde Kenntnisse der politischen Strukturen im eigenen Land, aber inzwischen eben auch in Europa.

Sicher war es zu anderen Zeiten gut und richtig gewesen, für eine bestimmte Partei die Stimmen zu organisieren, das hieß zu kaufen, die zu deren Wahlsieg nötig waren. Eine Voraussetzung dafür, anschließend von den Politikern den entsprechenden Schutz zu erhalten, wenn es um die Geschäfte ging. Heute aber musste man damit rechnen, dass sich die politischen Verhältnisse schneller änderten, als man voraussehen konnte. Die, auf die man setzte, verschwanden so schnell von der Bildfläche, dass man Mühe hatte, rechtzeitig Ersatz zu besorgen. Viele von denen, die sich inzwischen die Zeit mit Kartenspielen hinter Gittern vertrieben, waren nur deshalb behelligt worden, weil ihre politischen Gewährsmänner aufflogen oder nicht wieder gewählt oder erst gar nicht mehr als Kandidaten aufgestellt wurden. Für kritische Beobachter der Szene war es überdeutlich, dass die politische Klasse sich nach und nach in eine Truppe von Versagern und Hohlköpfen verwandelte, von denen die meisten auftauchten wie Sternschnuppen und genauso schnell wieder verloschen.

Paola hatte lange darüber nachgedacht, wie diese ungünstige Entwicklung zu beeinflussen wäre. Und sie hatte vieles begriffen: Man musste die Politiker nicht mehr einspannen, abhängig machen, für sich gewinnen. Man musste die Macht selbst in die Hand nehmen. Politische Strategien mussten in den Familien ausgeklügelt und von begabten und gut ausgebildeten Mitgliedern umgesetzt werden. Dieser Gedanke, den sie in die Tat umsetzen wollte, ergab sich ganz von selbst bei der Beobachtung des öffentlichen Lebens. Eine andere Überlegung, die damit im Zusammenhang stand, schien ihr beinahe noch überzeugender: Die Familien waren ein Teil des Volkes, sie gehörten dazu, und deshalb sprachen sie die Sprache des Volkes, kannten seine Bedürfnisse, wussten, wo Reformen ansetzen mussten, die dieses Volk begrüßen würde. Viele der Volksvertreter kamen noch aus einer anderen Klasse, aus einer anderen Region, zum Teil sogar aus dem Norden. Die brauchten Stimmen, um sich in Rom breitmachen zu können. Aber das Misstrauen der Menschen gegenüber dem Staat war uralt und immer noch existent. Die Politiker hatten es nie geschafft, Vertrauen in die öffentlichen Institutionen herzustellen. Und außerdem: Das Volk blieb nicht ewig dumm, war nicht ewig mit kleinen Geschenken abzuspeisen. Die Menschen wurden klüger. In den Häusern standen Fernsehgeräte, in vielen Lädchen bereits ein Computer mit Internetanschluss. Sollte die

Macht in den Familien bleiben, sollten die Familien weiter ungehindert ihren Geschäften nachgehen können, dann würde man das veränderte Bewusstsein der Bevölkerung in Rechnung stellen müssen. Das aber konnten natürlich die am besten, die selbst Teil der Bevölkerung waren.

Paola wusste, dass ihre Überlegungen richtig waren, aber es würde Zeit brauchen, sie in die Tat umzusetzen. Hätte sie dabei von Anfang an die Frauen auf ihrer Seite, würde sie schneller und effektiver handeln können. Die Frauen bestimmten, welche Schulen die Kinder besuchten, welche Berufe sie ergreifen sollten, ob ein Studium in Frage käme oder nicht. Aber die Frauen, das ahnte Paola, bewachten eifersüchtig das Einflussgebiet ihres Clans. Man müsste sie davon überzeugen, dass zum Wohle aller einzelne kleine Domänen aufgelöst und in das große Ganze eingegliedert werden müssten. Wie, zum Beispiel, konnten die hervorragenden Möglichkeiten, die sich im internationalen Abfallhandel ergaben, von einzelnen Familien noch optimal genutzt werden? Den Aufgaben, die sich anboten und die sich auf Dauer anbieten würden, waren größere Organisationen besser gewachsen.

Paola war klar, dass die Frauen der Männer, die in den Gefängnissen saßen, wahrscheinlich von der Polizei überwacht wurden. Sicher wurden ihre Telefone abgehört. Sie erinnerte sich noch sehr gut an die Verhaftung von Maria Filippa Messina. Sie hatte die Geschäfte ihres Mannes weitergeführt, als der hinter den Mauern verschwunden war. Zu diesen Geschäften gehörte auch, dass sie Mordbefehle weitergab. Sie hatte dazu das Telefon benutzt, und das war ihr zum Verhängnis geworden. Sie, Paola, hatte nun ein Büro im Rathaus, nach den Mitarbeitern suchte sie noch, aber sie würde ganz sicher nicht ihre prächtige Telefonanlage dazu benutzen, bestimmte Gespräche zu führen.

Sie erhob sich vom Schreibtisch, um zur Pantry hinüberzugehen und die Espressomaschine in Gang zu setzen, als das Telefon läutete. Es war selten, dass um diese Zeit jemand anrief, und sie wartete auch nicht auf einen Anruf. Deshalb setzte sie erst die Maschine in Gang. Als das Läuten dann noch immer nicht aufhörte, nahm sie den Hörer auf.

Pronto.

Der Anrufer blieb einen Augenblick still, bevor er sprach. Dann, als er sprach, erkannte Paola die Stimme sofort, aber es war nicht nur die Stimme, die sie die Stirn runzeln ließ, sondern auch der Satz, den sie hörte.

Es gibt eine Million Möglichkeiten, aber man muss trotzdem damit rechnen, dass die ungünstigste eintritt.

Auch Paola sprach nicht sofort. Sie überlegte eine Weile.

Heute oder morgen?, fragte sie dann.

Heute, antwortete der Mann, diesmal sofort und hastig.

In Ordnung, sagte Paola und legte auf.

Die Espressomaschine zischte, und sie ging langsam hinüber, nahm den Kaffee, tat Zucker hinein. Tat alles mechanisch, war nicht bei der Sache. Sie dachte darüber nach, was zu tun wäre. Der Anrufer war Luigi gewesen. Es war verabredet, dass niemand sie aus Hamburg anrief, es sei denn, nicht vorhergesehene größere Probleme tauchten auf. Wenn also Luigi anrief und den für solche Fälle verabredeten Satz sagte, dann war klar, dass Mario in Schwierigkeiten steckte. Und dass er offenbar der Meinung war, sie, Paola, könnte ihm dabei helfen, diese Schwierigkeiten zu überwinden. Mario war ein vernünftiger Mann, der ihre Verbindung nicht unnötig belasten würde. Und dass Luigi auf ihre Frage »heute oder morgen« mit »heute« geantwortet hatte, deutete darauf hin, dass die Schwierigkeiten akut waren und möglichst sofort behoben werden sollten.

Es würde ihr nichts anderes übrig bleiben, als so bald wie möglich nach Hamburg zu fliegen. Das war ärgerlich, denn sie hatte hier genug Dinge, um die sie sich kümmern müsste. Aber es war auch klar, dass Schwierigkeiten, wo immer und wann immer sie auftauchten, beseitigt werden müssten, sollten sie nicht Dimensionen erreichen, die nicht mehr beherrschbar wären.

Paola sah auf ihren Kalender, verschob zwei oder drei Treffen per Telefon, buchte den nächsten Flug nach Hamburg, rief Monica an, um ihr zu sagen, dass sie später zum Flughafen fahren müsse. Während sie mit der Taxifahrerin sprach, fiel ihr Corleone wieder ein und die angeschossene Bella Block, die sie auf der Straße liegend gefunden und aufgesammelt hatten. War es möglich, dass Marios Schwierigkeiten mit Bella zusammenhingen? War sie wieder gesund und längst in Hamburg? Oder war sie noch in Palermo? Es würde leicht sein, das herauszufinden. Es gab nur ein paar große schöne Hotels in Palermo. Für deutsche Touristen am interessantesten war sicher das *Grand Hotel delle Palme*, weil es damit für sich warb, dass Richard Wagner dort den »Parzival« beendet hatte. Wenn die Block nicht dort wohnte, müsste man eben ein wenig herumtelefonieren.

An der Rezeption des Hotels kannte man sie. Vielleicht würde sie dort sogar Informationen bekommen, die fürs Telefon nicht geeignet waren. Manchmal genügten ja hochgezogene Augenbrauen, um sich den richtigen Reim auf die Beantwortung einer Frage zu machen. Hochgezogene Augenbrauen aber sah man am Telefon nicht.

Die Suche nach der Block war einfacher, als sie gedacht hatte. Im *Grand Hotel delle Palme* erfuhr Paola, dass Bella Block tatsächlich dort abgestiegen war. Sie hatte auch noch nicht zu erkennen gegeben, dass sie abreisen wolle; im Gegenteil, seit einigen Tagen habe sie zusammen mit einem Herrn eine Suite bezogen, und die beiden schienen sich offensichtlich in der Stadt wohlzufühlen. Wenn Paola wolle, könne sie die Block und ihren Galan vielleicht gerade bei ihrem späten Frühstück beobachten, das sie zur Lunchzeit einzunehmen pflegten. Vermutlich seien die Herrschaften gerade damit beschäftigt, sich am Salatbüfett zu bedienen und ihren morgendlichen Champagner zu trinken. Angenehme Gäste, übrigens, denen man am Ende eine dicke Rechnung präsentieren würde. Sie wirkten ein bisschen albern, weil sie nicht mehr jung waren und trotzdem so verliebt taten, als wären sie zwanzig und gerade zum ersten Mal miteinander ins Bett gegangen.

Paola war bei der Erwähnung eines Mannes, der mit der Block zusammen war, ein wenig unruhig geworden. Sie hatte sofort an Mario gedacht, den Gedanken aber wieder verworfen, als sie von der Verliebtheit des Paares hörte. Mario liebte seine Frau. Er würde nie auf den Gedanken kommen, nach Palermo zu fahren, um sie dort zu betrügen. Einen Blick auf das Paar, das den Tag gegen Mittag am Büfett und bei Champagner begann, wollte sie sich aber trotzdem noch erlauben.

An der Stirnwand des Speisesaals hing ein prächtiger rotgoldener Vorhang, der die ganze Wand bedeckte. Dahinter befand sich eine breite Glastür, die auf den Gang zur Küche führte. Vor dem Vorhang, ebenfalls über die ganze Wand, war das Büfett aufgebaut. Paola nahm den Weg durch die Küche, nickte den herumwuselnden Köchen und Küchenjungen huldvoll zu und verschwand im Gang zum Speisesaal.

Mamma mia, stöhnte einer der Köche.

Frag sie, ob sie heute Abend Zeit hat, sagte ein anderer.

Am besten nach Mitternacht, sagte ein dritter.

Die Köche lachten, während sie sich wieder ihrer Arbeit zuwandten. Jemand, der sie dabei beobachtete, hätte festgestellt, dass sie ihnen eine Idee schneller von der Hand ging als vorher.

Paola hatte die Glastür erreicht, öffnete sie vorsichtig und teilte den schweren Vorhang ein wenig, um einen Blick auf das Geschehen im Speisesaal werfen zu können. Außer Bella Block und dem Mann, der zu ihr gehörte, war niemand zu sehen. Die beiden hatten offensichtlich ihr Frühstück beendet. Der Mann war damit beschäftigt, den Rest Champagner auf ihre beiden Gläser zu verteilen. Sie tranken sich zu, und die Blicke, mit denen sie sich dabei bedachten, waren denen Verliebter tatsächlich nicht unähnlich.

Das ist also dieser Kranz, dachte Paola.

Den Namen hatte jemand, vermutlich die Block selbst, gelegentlich im *Da Capo* fallen lassen.

Auch nicht mehr der Jüngste, aber nicht unattraktiv.

Paola sah den beiden einen kurzen Augenblick zu, bevor sie ihren Platz hinter dem Vorhang beruhigt wieder verließ. Von denen ging jedenfalls keine Gefahr aus. Die waren viel zu sehr mit sich selbst beschäftigt, um Lust zu haben, sich in die Geschäfte anderer Leute einzumischen.

Auf dem Weg zurück durch die Küche zeigten sich die Köche noch einmal beglückt, aber diesmal lächelte Paola ihnen nicht zu. Sie ging an ihnen vorüber, ohne sie zu beachten. Schließlich hatte sie gesehen, was sie sehen wollte. Sie war auf das Wohlwollen der Männer nicht mehr angewiesen.

Zurück in ihrem Büro, warf sie einen letzten Blick auf den aufgeräumten Schreibtisch. Es gefiel ihr nicht, dass sie den kurzen Abstecher nach Hamburg machen musste. Die Besprechungen, die sie abgesagt hatte, wären wichtig gewesen. Sie war wütend, und ihre Wut wurde durch die Ausstellung im Foyer des Rathauses noch größer. Ihr Büro lag im zweiten Stock, über der Galerie und unter der Glaskuppel. Schon von oben konnte sie sehen, dass ein paar Menschen, Touristen vermutlich, zwischen den Bildern umhergingen, vor einigen stehen blieben, die Inschriften studierten und sich gegenseitig auf besondere Details aufmerksam machten. Sie war gegen diese Ausstellung gewesen, aber noch war ihr Einfluss nicht groß genug, um sie verhindern zu können. Ausgestellt waren große sizilianische Landschaften in kräftigen Farben und dazwischen Bilder über die Geschichte der Mafia aus den letzten dreißig Jahren. Es waren blutige Bilder, schreckenerregende Bilder, Porträts von Männern, die sie bewunderte, auch der Onkel war darunter. Diese Männer saßen ein paar hundert Meter weiter im Hochsicherheitstrakt und konnten sich nicht wehren. Sie sah die Besucher voll Abscheu auf die Gesichter starren und voll Mitgefühl vor den Bildern stehen, auf denen dargestellt war, wie der Staatsanwalt Falcone mitsamt seiner Frau und seinen Leibwächtern in die Luft geflogen war. Leichenteile waren um die Unglücksstelle verteilt. Sogar an den Verräter Giuseppe Impastato erinnerte der Maler. »Cinisi« hieß das Bild, in dem verdammten Kaff hatte man ihn hingerichtet. Tatsachen, nicht zu leugnende Tatsachen, über die man am besten den Mantel des Schweigens breitete. Stattdessen diese raffinierte Mischung von Schönheit der sizilianischen Landschaft und Hinrichtungsprotokollen! Das musste die Leute doch aufregen; hauptsächlich Touristen, die sich herrlich gruselten. Aber natürlich sollten auch die Palermitaner an vergangene Zeiten erinnert werden. Wozu so etwas gut sein sollte, stand auf einem anderen Blatt.

Paola blieb neben zwei alten Leuten stehen, die sich die Bilder ansahen; Deutsche, sie konnte gut verstehen, was die beiden miteinander zu besprechen hatten.

Falcone und Borsellino, die der Papst segnet, sagte die Frau.

Weshalb das denn? Was hat der Papst damit zu tun?

Das ist so etwas wie eine Heiligsprechung für die beiden, die den Sumpf hier trockengelegt haben, antwortete die Frau. Und sieh mal, da drüben: Riina und Provenzano, die Schlimmsten von allen. Unglaublich, deren Geschichte.

Paola wandte sich ab. Wie konnte man so eine Ausstellung

jetzt noch im Rathaus aufbauen? Die Zeiten waren andere geworden. Niemand würde heute noch mit Sprengstoff arbeiten. Dafür würde sie sorgen. Das hatte sie sich geschworen.

Sie grüßte die Carabinieri, die den Eingang zum Rathaus bewachten, und stieg vorsichtig die braungrauen, glänzenden Marmorstufen hinunter. Es hatte zu regnen begonnen, und die Stufen waren glatt. Die Carabinieri grüßten freundlich zurück. Sie hatten sich inzwischen an den Anblick der jungen Frau gewöhnt, aber sie sahen ihr trotzdem nach, bis sie im Gewühl auf der Via Maqueda verschwunden war. Sie sagten nicht mehr »Bellissima«, aber sie dachten es immer noch.

Paola ging in ihre Wohnung, um zu packen. Mehr als eine kleine Reisetasche brauchte sie nicht. Zwei oder drei Tage, länger würde sie nicht in Hamburg bleiben. Monica kam, um sie zum Flughafen zu bringen. Monicas Schwester hatte inzwischen einen Platz im Krankenhaus in Bagheria bekommen.

Wie geht es ihr?, fragte Paola.

Nicht gut. Ich glaube, es war zu spät. Sie isst nicht, liegt im Bett, starrt aus dem Fenster, und wenn sie jemand besucht, dann redet sie kaum. Wenn sie wenigstens weinen würde. Die Kleine lassen wir schon gar nicht mehr zu ihr.

Lassen Sie sie in Ruhe sterben, sagte Paola. Wahrscheinlich ist das alles, was sie will.

Ich weiß nicht, manchmal glaube ich, dass sie etwas sagen will und den Mut dazu nicht findet. Man müsste ihr helfen zu sprechen. Aber wie?

Paola antwortete nicht. Mich interessiert nicht, was die Frau da vorn redet, dachte sie, es interessiert mich nicht, verdammt noch mal.

Lassen Sie den Priester mit ihr reden, sagte sie laut, um gleich darauf entschuldigend hinzuzufügen: Ich muss einen Augenblick nachdenken. Könnten wir bitte ruhig sein?

Es war Nachmittag, als sie in Hamburg ankam. Luigi wartete auf sie. Er nahm ihr die Tasche ab.

Was ist los?, fragte Paola, während sie zum Auto gingen.

Gleich, sagte Luigi.

Während sie das Parkhaus verließen, fragte Paola noch einmal ungeduldig: Was ist also? Glaubt er, ich hätte nichts zu tun?

Luigi wandte ihr kurz sein Gesicht zu, konzentrierte sich dann aber wieder auf die Straße.

Sieh an, die Kleine, dachte er. Kaum aus dem Haus, schon hält sie sich für etwas Besonderes.

Sprich mit Mario, Bellissima, sagte er.

Paola schwieg. Wenn dieser Idiot nicht reden wollte, würde sie nicht in ihn dringen. Wahrscheinlich hatte Mario ihn instruiert. Sie sah aus dem Fenster. Die Straßen waren sauber. Die Nebenstraßen waren sauber. Die Gebäude waren gestrichen. Die Balkone waren bepflanzt. Es gab keine leer stehenden Häuser, keine Fensterhöhlen ohne Scheiben, keine Müllhalden an den Rändern der Parks. Die Papierkörbe an den Straßen sahen aus, als wären sie leer. Auf dem Boden darunter lagen weder Plastikflaschen noch Pappschachteln. Sie spürte Wut in sich aufsteigen und wusste nicht, wem diese Wut galt. Sie hätte nicht kommen sollen, nicht wie ein Schulmädchen auf Marios Wunsch reagieren und sofort antanzen sollen. Mario war der Boss. Aber hatte sie wirklich auf jeden seiner Winke sofort zu reagieren? Ihre Arbeit war wichtig, das wusste er. Aber wahrscheinlich hätte er sie nicht geholt, wenn es nicht unbedingt nötig wäre. Das hoffte sie jedenfalls und bereitete sich darauf vor, ihm ein paar Takte zu sagen, wenn es nur um Albernheiten gehen sollte.

Da sind wir, sagte Luigi.

Das sehe ich, dachte Paola, aber sie sagte nichts. Sie wollte so tun, als wäre Luigi ihr gleichgültig, mochte er noch so eng mit Mario zusammenhocken. Sie wollte so tun, aber das gelang ihr nur nach außen und nur beinahe. Luigi, der ein guter Beobachter war, wusste, was in ihr vorging und lächelte.

Mario ist im Büro, sagte er.

Das Büro von Mario hatte Paola nur ein oder zwei Mal betreten. Das war ganz am Anfang ihres Aufenthalts in Hamburg gewesen, als besprochen wurde, welches Studium sie beginnen, wo sie wohnen und wie viel Geld sie zur Verfügung haben würde. Sie erinnerte sich daran, dass der Onkel damals entschieden hatte, sie müsse nicht neben dem Studium noch einen Job haben. Dafür war sie ihm dankbar gewesen, und auch jetzt, als sie vor Marios Tür stand und klopfte, fühlte sie etwas von dieser Dankbarkeit. Sie würde tun, was er von ihr erwartete. Er konnte sich auf sie verlassen.

Komm rein, rief Mario.

Er saß nicht hinter seinem Schreibtisch, wie sie erwartet hatte, sondern auf einem der drei Sessel, die um einen kleinen Tisch herumstanden. Der Raum war groß genug, sodass Schreibtisch und Sitzgruppe sich nicht bedrängten. Paola ging auf ihn zu und begrüßte ihn.

Guten Flug gehabt?

Ja, antwortete Paola. Sie wartete.

Setz dich doch. Wie geht's in Palermo? Gefällt dir dein Büro?

Ja, sagte sie.

Sie hätte sich denken können, dass er informiert war. Umso besser, dann wusste er auch, dass sie eine gute Arbeit machte.

Ich mag es, wenn jemand nicht viel redet, sagte Mario.

Paola lächelte. Da saß er, ihr großer Onkel, Boss, Pate, und sie mochte ihn. Ihre Wut war verflogen.

Wir haben dich studieren lassen. Du warst eine tüchtige Studentin. Du hast eine wichtige Arbeit übernommen, und es scheint so, als würdest du mit ihr fertigwerden. Wir haben noch nicht darüber gesprochen, dass du zu uns gehören könntest!

War es das, weshalb Mario sie hatte kommen lassen? Paola sah Mario fragend an. Da saß er in seinem Sessel; elegant gekleidet, mit ernstem Gesicht, die Hände (schöne, männliche, braune Hände mit einem Ring am kleinen Finger der rechten Hand, den sie zum ersten Mal an ihm sah) übereinandergelegt im Schoß.

Du weißt, was das bedeutet?

Nein, sagte Paola, ich kann es mir vielleicht denken, aber ich möchte, dass du es mir sagst.

Sie spürte, dass sie aufgeregt war. Beinahe hätte ihre Stimme versagt. Frauen, das wusste sie, war die Ehre, in die Familie aufgenommen zu werden, bisher nicht zuteil geworden. Die Tür ging auf, und Luigi erschien. Er schloss die Tür leise hinter sich und setzte sich in den dritten Sessel.

Ein Zeuge, dachte Paola.

Nimm das, sagte Mario. Halt es in der Hand. Sprich mir nach: Ich werde über alle Dinge, die die Familie betreffen, Schweigen bewahren.

Ich werde über alle Dinge, die die Familie betreffen, Schweigen bewahren.

Ich werde denen, die mir vorgesetzt sind, gehorchen.

Paola wiederholte den Satz, ohne zu merken, dass Luigi das Papier in ihrer Hand angezündet hatte. Sie sah auf Mario, auf sein ernstes Gesicht, seinen Mund. Sie war im Begriff, ihr Leben aufzugeben und ein neues Leben anzufangen, das Leben, von dem sie immer geträumt hatte.

Ich werde alles tun, was von mir verlangt wird, ohne zu fragen.

Ich werde alles tun, was von mir verlangt wird, ohne zu fragen, wiederholte sie.

Pass auf, Mädchen, du verbrennst dir die Hand, rief Luigi

und schlug auf ihre Finger. Ein Rest Papier, auf dem noch der Heiligenschein zu erkennen war, der den Kopf von Maria umgeben hatte, fiel zu Boden und verglimmte.

Es ist gut, Luigi, sagte Mario.

Er lächelte, und Luigi stand auf und verließ den Raum so plötzlich, wie er gekommen war. Mario erhob sich, nahm aus der Vitrine neben der Tür zwei Gläser und aus einem Fach seines Schreibtisches eine Flasche. Paola hätte nicht sagen können, was sie trank. Sie war aufgewühlt von der gerade überstandenen Zeremonie, stolz auf sich und erleichtert, endlich an ein Ziel gekommen zu sein.

Annabella, sagte Mario. Du wirst sie besuchen. Es geht ihr nicht gut.

Was ist mit Annabella? Sie ist krank?

Sie ist verzweifelt, sagte Mario, weil sie nicht weiß, was sie tun soll.

Was sie tun soll?

Sie sagt, sie habe zwei Möglichkeiten. Sie könne zur Polizei gehen und dort sagen, die Familie habe Gianluca umbringen lassen.

Annabella?, fragte Paola ungläubig. Wie konnte das möglich sein? Sie war Marios Frau. Sie war immer loyal gewesen.

Die zweite Möglichkeit?, fragte sie.

Annabella überlegt, ob sie sich umbringen soll.

Marios Stimme war vollkommen ruhig, beinahe gleichgültig. Seine Hand, die das Glas hielt, zitterte nicht. Seine Augen suchten die Augen von Paola. Sie sahen sich an.

Keine anderen Möglichkeiten?, fragte Paola nach einer Weile. Sie wusste, dass es keine anderen Möglichkeiten gab, aber sie wollte, dass Mario es sagte.

Keine anderen Möglichkeiten, sagte Mario.

Sie wird einen Abschiedsbrief schreiben müssen, sagte Paola.

Das hat sie schon getan. Der Brief liegt in ihrem Zimmer. Ich habe ihn gelesen. Er ist in Ordnung.

Mario sagte nicht, dass Annabella ihren Abschiedsbrief als letzten Liebesdienst für ihn abgefasst hatte. Natürlich hatte sie an Marios Seite ein wunderbares Leben gehabt. Natürlich hatte sie seine Geschäfte hingenommen, ohne zu fragen. Ihr Leben mit Mario hätte so weitergehen können, wenn Gianluca nicht gekommen wäre. Es war nicht Marios Schuld, dass sie den Jungen zu sehr in ihr Herz geschlossen hatte. Es war niemandes Schuld. Es war ihr Schicksal, allein ihr Schicksal.

Und du sagst, sie kann sich nicht entscheiden.

Mario stand auf und ging noch einmal zum Schreibtisch. Er winkte Paola zu sich, und gemeinsam sahen sie in die Schublade, die er aufzog. Dann schloss Mario die Schublade wieder.

Mein Büro ist immer für dich offen, sagte er. Geh nun zu Annabella. Sie weiß, dass du gekommen bist. Sie wird auf dich warten.

Paola war entlassen. Sie ging aus dem Zimmer, und es war ihr, als ginge sie in einem Traum. Da war die Treppe nach oben. Sie hielt ihre Reisetasche in der Hand. In ihrem Rücken spürte sie die Blicke von Luigi, der sich an der Bar zu schaffen machte. Vor Annabellas Tür blieb sie stehen, setzte die Tasche ab und klopfte.

Ja.

Annabellas Stimme, nüchtern und klar. Paola trat ein. Das Zimmer war nicht dunkel, wie sie es, aus welchen Gründen auch immer, erwartet hatte. Es war hell ausgeleuchtet, weil sowohl die Deckenlampe als auch verschiedene Wandlampen und Stehlampen eingeschaltet waren. Annabella saß, angezogen mit einem Mantel und eine Handtasche vor sich auf dem Schoß, auf ihrem Bett. Sie sah aus, als wäre sie bereit auszugehen, um einzukaufen oder einfach einen Stadtbummel zu machen. Aber Paola sah ihren unruhigen Blick und die Hände, die nervös mit dem Verschluss der Handtasche herumspielten. Annabella trug keine Schuhe. Paola ging auf die Frau auf dem Bett zu und umarmte sie. Annabella begann zu weinen. Paola ließ sie weinen, streichelte ihren Rücken, ihre Hände. Langsam beruhigte sie sich.

Wir wollen ausgehen, sagte Paola endlich. Ich bin so froh, dass ich ein paar Tage hier sein kann. Lass uns ausgehen. Ich mag doch diese Stadt so gern. Palermo ist anders, du kannst dir nicht vorstellen, wie anders es ist. Ich weiß gar nicht mehr, wo ich zu Hause bin, hier oder dort.

Annabella sah sie an, während sie sprach. Sie erhob sich und strich ihren Mantel glatt. Sie trug einen leichten Mantel aus lilafarbenem Chintz. Der Mantel gefiel Paola. Annabella hängte die Tasche, die in ihrem Schoß gelegen hatte, über die Schulter.

Ich weiß, weshalb du gekommen bist, sagte sie.

Einen Augenblick lang war Paola erschrocken. Aber es war unmöglich, dass Annabella wusste …

Mario hat dich gerufen. Er wird nicht mit mir fertig. Das erste Mal in unserem Leben tue ich nicht, was er von mir erwartet. Er will, dass du mich davon überzeugst, den Mund zu halten. Wann willst du damit anfangen? Hier? Oder draußen? Ja, wir wollen gehen, während du versuchst, mich davon zu überzeugen, dass ich keine andere Wahl habe, als zu schweigen. Hat er dir gesagt, dass er nicht einmal weiß, wer Gianluca begraben hat? Hat er dir gesagt, dass es ihm egal ist, was mit der Leiche seines Sohnes geschieht? Habt ihr überhaupt von Gianluca gesprochen? Oder gab es nur ein Thema: Wie bringen wir Annabella dazu, den Mund zu halten?

Ja, sagte Paola, er hat mich deinetwegen kommen lassen. Mario macht sich Sorgen, verstehst du das nicht? Du bist seine Frau, und er liebt dich. Er glaubt, dass du krank bist. Er denkt, ich könnte mit dir reden und dich davon überzeugen, etwas für deine Gesundheit zu tun. Ich hab' ihm versprochen …

Ich weiß, sagte Annabella hastig, er liebt mich, ich weiß. Lass uns gehen. Wir machen einen langen Spaziergang. Um die Alster, willst du? Es geht mir nicht gut. Das ist ja richtig. Ich bin froh, dass du gekommen bist. Mit wem soll ich denn reden?

Paola atmete erleichtert auf. Sie sah sich noch einmal um, während sie das Zimmer verließen. Einen Brief konnte sie nicht entdecken, aber er würde sicher zu finden sein.

Zieh deine Schuhe an, sagte Paola.

Eine Bombe in Palermo

Es gelang Bella und Kranz beinahe zwei Tage lang, das Thema Mario und Annabella und Gianluca nicht zu erwähnen. In diesen beiden Tagen schlenderten sie durch Palermo, besuchten Museen, tranken Wein in kleinen Trattorien, aßen Muscheln und gegrillte Fische auf Rucolasalat und lasen, das heißt Bella las, das *Giornale di Sicilia* und beschrieb Kranz das Leben in der Stadt, soweit es sich in der Zeitung widerspiegelte. Sie sahen eine Ausstellung im Foyer des Rathauses, in der sizilianische Landschaften und eine Reihe offensichtlich gut gemeinter Anti-Mafia-Bilder zu sehen waren. Die Bilder zeigten eine eindeutige Geschichte von Mord und Gewalt. Sie rechneten es sich beide im Stillen hoch an, dass nicht einmal dieser Anblick sie dazu brachte, das Mafia-Thema aufzunehmen. Das Ende dieser unbeschwerten Tage kam überraschend und wurde durch ein Ereignis ausgelöst, mit dem weder Bella noch Kranz rechnen konnten, ebenso wenig wie 99,9 Prozent der Einwohner von Palermo.

Am Abend des zweiten Tages nach Kranz' Ankunft – sie waren am Nachmittag mit dem Bus nach Brancacchio gefahren und zu Fuß zurückgelaufen und saßen jetzt in einem Café in der Nähe ihres Hotels – erschütterte eine so gewaltige Detonation die Luft, dass die weißen Stoffbahnen, mit denen das Glasdach des Cafés abgedeckt war, wie im Sturm hin und her geschüttelt wurden. Das Mädchen, das sie bedient hatte und gerade dabei war, zwei Gläser Campari an den Nachbartisch zu bringen, ließ die Gläser fallen. Niemand achtete darauf, alle Gäste waren so sehr mit ihrem eigenen Schrecken befasst, dass sie kein Auge für irgendetwas anderes hatten. Kranz hatte unwillkürlich nach Bellas Hand gegriffen, Schutz gebend oder Schutz suchend, als wollte er sich mit dieser instinktiven Geste vergewissern, dem Schreck nicht allein ausgeliefert zu sein. Der Augenblick nach der Detonation erschien allen wie eine Oase der Ruhe, obwohl die Autos zwar stehen geblieben, aber ihre Motoren nicht ausgeschaltet worden waren. Niemand sagte ein Wort. Bis plötzlich, nur eine halbe Minute später, so schien es jedenfalls Bella, die Straßen voll waren von Autos der Polizei und der Carabinieri und die Luft voll vom Geheul ihrer Sirenen.

Jetzt sprangen die Gäste auf, drängten auf die Straße, redeten durcheinander, zeigten auf eine riesige Rauch- und Staubwolke, die sich auf der linken Seite in Richtung der Via Albanese in die Luft erhob.

Was sagen die Leute? Sag schon!, drängte Kranz.

Sie sagen, dass dort, wo die Rauchwolke steht, das Gefängnis liegt. Via Albanese ... warte ... sie sagen, dass dort womöglich jemand versucht hat, mit Gewalt auszubrechen. Sie sagen ... warte doch, ich kann ihnen schließlich nicht die Worte aus dem Mund nehmen ... sie sagen, es könnte auch eine Explosion auf einem Schiff ... da unten liegt der Hafen ...

Bella – hast du Via Albanese gesagt?

Ja, davon wird geredet. Augenblick ...

Bella, in der Via Albanese liegt das Hotel, das ich für uns gebucht hatte.

Bella sah Kranz an. Er war blass geworden. Er war sofort auf die Idee gekommen, die Explosion mit dem Hotel in Verbindung zu bringen, in das sie beinahe eingezogen wären.

So ein Quatsch, sagte Bella laut.

Sie trat zurück ins Café, drückte der Kellnerin, die hinter den Tresen geflüchtet war und aufgeregt in ein Mobiltelefon sprach, Geld in die Hand und stand schon wieder auf der Straße neben Kranz.

Komm, das sehen wir uns an, bevor wir uns in Spekulationen verrennen.

Sie gingen schnell, die Luft war noch immer voll vom Geheul der Sirenen. Die Autos wurden umgeleitet, die Via Albanese war abgesperrt. Die Carabinieri ließen keine Passanten vorbei.

Da kommen wir nicht durch, sagte Kranz.

Wir müssen ja nicht sehen, was passiert ist. Wir können es uns auch beschreiben lassen. Komm.

Sie zog Kranz an die Absperrung. Dort stand ein junger Carabinieri zusammen mit einem älteren Kollegen. Bella ging auf die beiden zu.

Signori, wir wohnen im *Ucciardhome*, wir müssen unser Hotel erreichen. Lassen Sie uns bitte vorbei.

Die beiden sahen Bella und Kranz mitleidig an. Sie hätten nicht mehr zu antworten brauchen. Die Sache war klar. Bella fühlte, dass ihre Knie weich wurden.

Es tut uns leid, das Hotel ist gerade, es ist … am besten, Sie gehen in die Zentrale der Carabinieri oder, noch besser, ins Rathaus. Sie haben großes Glück gehabt. Wenn Sie im Hotel gewesen wären …

Danke, sagte Bella.

Es war nicht nötig, dass sie Kranz übersetzte, was die Carabinieri gesagt hatten. Kranz legte den Arm um Bellas Schultern. Sie gingen langsam zurück in das Café, das sie gerade verlassen hatten. Dort war niemand mehr. Die anderen Gäste hatten aus Angst oder aus Neugier das Café verlassen. Kranz bestellte zwei große Grappa. Während sie warteten, sprachen sie nicht. Bella hatte plötzlich das Gefühl, als wäre sie von der Schießerei in Corleone gar nicht wirklich genesen. Ihr war, als wäre der Schrecken zurückgekommen und ließe sich nicht verdrängen. Ihre Hand, die nach dem Glas griff, zitterte. Sie trank den Grappa in kleinen Schlucken. Langsam wurde sie ruhiger, aber der Schreck blieb.

Wer hat denn gewusst, dass wir dort sein könnten?

Ihre Frage kam nach einer langen Phase des Nachdenkens, und aus seiner Antwort entnahm sie, dass Kranz über dieselbe Frage nachgedacht hatte.

Niemand, sagte er, gebucht hab' ich im Internet.

Und du hast mit niemandem darüber gesprochen, wo wir wohnen werden?

Mit wem denn? Wen hätte das etwas angehen …

Er schwieg. Seinem Gesicht war anzusehen, dass ihm etwas eingefallen war.

Unmöglich, sagte er. Ich hab' in deiner Pension Bescheid gesagt. Du wolltest doch ein paar Sachen. Die hab' ich für dich von dort geholt. Sie saßen beim Tee, und ich wurde gebeten – das ist doch einfach unmöglich.

Sie saßen beim Tee.

Bellas Stimme war tonlos. Ihr war gerade etwas eingefallen. War sie es selbst gewesen, die das *Hotel Ucciardhome* erwähnt hatte? Luigi war am Telefon gewesen, als sie mit Annabella sprechen wollte. Er hatte sie gefragt, wo sie wohne. Eigentlich war sie sicher, dass sie den Namen des Hotels nicht erwähnt hatte. Aber war es nicht möglich, dass sie sich alles nur einbildeten? Wer sollte denn ein Interesse daran haben, dass sie in die Luft flog? Sie wusste nichts, sie tat nichts, sie war eine Touristin wie andere auch.

Was für ein Blödsinn, sagte sie laut.

Aber sie war keine Touristin wie andere auch. Sie hatte Paola getroffen. Sie hatte Gianluca getroffen. Annabella hatte sie nach Corleone geschickt. Mario …

Wir sollten das Hotel wechseln, sagte sie.

Hotel wechseln? Bist du verrückt!? Wir reisen ab, und zwar so schnell wie möglich. Flugzeuge werden diese Herrschaften ja wohl nicht in die Luft sprengen.

Kranz winkte der Kellnerin. Bella wusste, dass er Recht hatte. Sie hatte in Palermo nichts mehr zu tun, und die Lust am Touristenleben war ihr vergangen.

Wir werden im Hotel nicht angeben, was wir vorhaben, sagte Kranz. Wir ziehen aus und fertig.

Die Hotelhalle war voller Touristen, offenbar eine große Reisegruppe, die gerade angekommen war.

Gut, dass wir ausziehen, dachte Bella.

Wohin gehen wir eigentlich?, flüsterte sie, als sie im Fahrstuhl standen. Sie empfand es als angenehm, Kranz die Initiative zu überlassen. Sie fühlte sich müde und angestrengt. Kranz antwortete erst, als sie ihr Zimmer erreicht hatten.

Wir gehen in das nächste Reisebüro und versuchen, sobald wie möglich einen Flug zu bekommen. Dann fahren wir zum Flughafen, aber wir werden kein Taxi nehmen. Wir verschwinden einfach, ohne eine Spur zu hinterlassen.

Das war vernünftig, aber nicht so einfach zu verwirklichen, wie sie gedacht hatten. Sie fanden ein Reisebüro und eine hilfsbereite Frau, aber weder von Palermo noch von Catania startete am gleichen Tag oder Abend ein Flugzeug nach Deutschland. Sie mussten sich damit zufrieden geben, erst am Abend des nächsten Tages abreisen zu können.

Und nun?, sagte Bella, als sie wieder auf der Straße standen.

Und nun suchen wir uns für eine Nacht ein einfaches Hotel, stellen unsere Koffer ab und verbringen unseren letzten Abend in Palermo irgendwo, wo viele Leute sind, am besten in irgendeinem Straßenlokal. Du kannst dir die Leute ansehen, und ich werde dich ansehen. So sind wir beide beschäftigt.

Das Hotel hieß *Allessandra*. Die Gäste waren schwul, das Hotelpersonal aus Indien, der Junge an der Rezeption hatte das schönste Lächeln für seine Gäste, das man sich vorstellen konnte. Das Zimmer, das sie bekamen, war klein, und die eisernen Bettgestelle waren an der Wand festgeschraubt. Hatte jemand versucht, ein Bett mitzunehmen? Die Wände und die Decke und die Überwürfe auf den Betten waren grün, eigentlich eine freundliche Farbe, nur problematisch, wenn drei verschiedene Grüns aufeinander treffen.

Stell dich nicht an, sagte Kranz. Wir werden hier nur schlafen. Und es ist sauber. Mehr ist im Augenblick nicht drin.

Sie verließen das Hotel am Abend, fanden ein Straßencafé in der Nähe des Teatro Massimo und ließen sich zwischen redenden und trinkenden jungen Leuten nieder. Hin und wieder rasten Autos der Carabinieri mit eingeschalteten Sirenen durch die Via Maqueda. Man sah sie nur einen kurzen Augenblick, aber die durchdringenden Sirenen waren länger zu hören. Ob sie noch immer wegen des Bombenanschlags so aufgeregt unterwegs waren oder schon neuen Abenteuern auf der Spur, blieb unklar.

Bella versuchte, möglichst nicht an Annabella zu denken und an all die Unannehmlichkeiten, die mit ihrer Geschichte verbunden waren. Es gelang ihr nicht ganz. Kranz hatte das Hotel in seinem Gespräch mit Wanda erwähnt. Wie war die Nachricht darüber, welches Hotel Kranz gebucht hatte, aus der Pension zu denen gekommen, die den Anschlag verursacht hatten?

Ich will telefonieren, sagte sie, ich werde Wanda anrufen. Sie kann uns sagen, zu wem sie über unseren Aufenthaltsort gesprochen hat.

Das scheint mir vernünftig. Ich hab' gerade überlegt, was wir morgen tagsüber anfangen. Was hältst du von einem Besuch im Archäologischen Museum?

Was? Wo? Was soll ich dort? Findest du, dass ich schon so alt bin …

Bella! Bleib ruhig. Denk nach. Altertum. Griechen. Herakles. Na? Das müsste dich doch interessieren!?

Du bist ein Schatz, sagte sie. Sieh mal an den Tisch neben uns. Da sitzt seit einiger Zeit ein Herr, der aussieht wie Dante. Und neben ihm sitzt Sokrates.

Sokrates, als er jung war, sagte Kranz nach einem kurzen Blick auf die Gruppe.

Sie blieben noch eine Weile, tranken Wein und beobachteten Inder, die nachts unterwegs waren, um Turnschuhe, Spielzeug und Regenschirme zu verkaufen. Sie kauften zwei Regenschirme und wanderten irgendwann schweigend zurück in ihr Hotel. Die großen Spiegel, die auf jedem Absatz der Treppenstufen angebracht waren, warfen ihnen das Bild zweier angestrengt aussehender Menschen zurück, die ein Glas zu viel getrunken hatten.

Im Zimmer war es laut, und die Geräusche ließen sich auch nicht dadurch abstellen, dass Kranz die hölzernen Fensterläden schloss. In einem der Nachbarhäuser fand eine indische Party statt, jedenfalls nach den für die Ohren von Westmenschen eintönigen, sich ständig wiederholenden Tönen zu urteilen.

Willst du jetzt noch telefonieren?

Wanda schläft bestimmt noch nicht, sagte Bella.

Sie hatte Recht. Wanda meldete sich sehr schnell. Bella war plötzlich gerührt, ihre angenehme, ein wenig zu vornehme Stimme zu hören.

Bella, meine Liebe. Was tun Sie? Wie geht es Ihnen? Was für ein Unfall! Sie sind unvorsichtig gewesen, stimmt's? Der Major sagt …

Wanda, bitte. Ich bin bald zurück. Ich erzähle Ihnen, was ich erlebt habe. Jetzt habe ich nur eine Frage.

Sie fragte, und Wanda überlegte lange, bevor sie antwortete. Die Antwort kam dann bestimmt.

Wir, das waren die Latt und der Major und ich, wir waren in diesem *Da Capo*. Wir haben mit dem Wirt gesprochen. Ein entzückender Mensch. Er hat sich nach Ihrem Befinden erkundigt. Wir haben ihm gesagt, dass es Ihnen gut geht und dass Herr Kranz Sie besuchen und abholen wird.

Kann es sein, dass Sie mit Mario über unser Hotel gesprochen haben?

Natürlich haben wir das. Der Major hatte nämlich, nachdem Herr Kranz bei uns gewesen war, im Internet nachgesehen. Er hat festgestellt, dass das Hotel in der Nähe des Gefängnisses liegt. Wir fanden das etwas merkwürdig. Aber der Wirt im *Da Capo* hat uns beruhigt. Er hat uns gesagt, was für eine schöne Gegend das ist; gleich am Hafen und so. Er kommt nämlich aus Palermo. Aber das wissen Sie sicher. Was ist denn mit dem Hotel? Ist etwas nicht in Ordnung?

Doch, sagte Bella, alles in Ordnung. Grüßen Sie Ihre Gäste. Bis bald.

Mario, sagte sie. Er hat jedenfalls gewusst, wo wir wohnen wollten.

Sie schwiegen beide. Hatte er in Hamburg angeordnet, was in Palermo geschehen sollte? War die Bombe als Warnung gedacht gewesen oder als Anschlag auf ihr Leben? Weshalb sollte sie überhaupt eine Gefahr für Mario darstellen?

Lass uns versuchen zu schlafen, sagte Kranz. Es hat keinen Sinn, über Dinge nachzudenken, deren Zusammenhänge im Dunkeln liegen.

Vielleicht kann ich in Hamburg versuchen …

Bella. Du versuchst gar nichts in Hamburg. Wir hatten besprochen, dass du die Geschichte nicht mehr anfassen willst, wenn du zurück bist.

Ich denke, ich sollte zur Polizei gehen, sagte Bella.

Gut, aber jetzt wollen wir schlafen.

Sie lagen in ihren an der Wand festgeschraubten Betten, hörten die sehr laute, eintönige Musik der indischen Nachbarn, und an Schlaf war nicht zu denken.

Du kannst nicht zufällig ein paar indische oder pakistanische oder tamilische Volkstänze?, fragte Kranz irgendwann.

Volkstänze?

Na ja, dann könnten wir einfach mitmachen. Ein bisschen Bewegung kann uns bestimmt nicht schaden.

Kranz stellte sich vor, dass Bella in der Dunkelheit müde lächelte.

Entschuldige, sagte er, ich versuche nur, dich bei Laune zu halten.

Mit Volkstanz.

Mit allem, was mir einfällt, sagte Kranz.

Und Volkstanz ist alles, was dir einfällt.

Eine Weile blieb es still. Irgendetwas knisterte in der Luft.

Hältst du das für eine gute Idee, sagte Kranz schließlich, Beischlaf wegen Langeweile?

Jedenfalls würden die Zimmernachbarn uns nicht hören, antwortete Bella. Aber du hast Recht. Wenn es mit uns erst so weit gekommen ist, dass wir miteinander schlafen, weil uns nichts anderes einfällt, dann sollten wir besser … hör mal, hörst du es auch?

Ich hör' nichts, sagte Kranz.

Eben. Die Inder haben aufgegeben. Auch Inder müssen irgendwann schlafen.

Sie waren früh wach. Als Kranz die Fensterläden öffnete, sahen sie in einen strahlend blauen Himmel und hörten Großstadtlärm.

Jetzt einen doppelten Espresso, und der Tag ist gerettet, sagte Bella.

Sie tranken den Espresso in einer kleinen Bar auf der Via Maqueda, zusammen mit Arbeitern und kleinen Angestellten und Ladenbesitzern, die schnell im Stehen frühstückten, bevor sie zur Arbeit gingen. Auf ihrem Tisch lag das *Giornale di Sicilia.* Die Zeitung beschäftigte sich, wie nicht anders zu erwarten, mit dem Bombenanschlag, bei dem es, wie durch ein Wunder, nur zwei Tote gegeben hatte. Ein junger Mann, der an der Rezeption gesessen hatte, und eine Afrikanerin, die damit beschäftigt gewesen war, Tische zu decken. Alle Gäste waren zur Zeit der Explosion unterwegs gewesen. Ein Journalist äußerte die Vermutung, dass der Anschlag mit der Lage des Hotels gegenüber vom Gefängnis zusammenhängen könnte. Von den Männern, die dort einsaßen, hatten einige mehr als zwanzig, dreißig, vierzig Morde auf dem Gewissen.

Aber warum dann ein Anschlag auf das Hotel anstatt auf die Gefängnismauern?, sagte Kranz.

Vielleicht könnte eine Tatortbesichtigung die Antwort auf diese Frage bringen? Das Museum hat doch bestimmt noch geschlossen.

Du lässt nicht locker, wie? Wenn man uns überhaupt in die Nähe lässt …

Der Unglücksort war mit rot-weißen Bändern abgesperrt. Ein Bewacher war nirgends zu sehen. Die Via Albanese war eine eher ruhige Straße. Es gab nur sehr wenige Autos, und die fuhren langsam an dem abgesperrten Grundstück vorüber. Das Gefängnis war durch dicke gelbe Mauern von der Straße abgeschirmt. Anscheinend war dort die Bewachung verstärkt worden. Uniformierte wanderten an der Mauer auf und ab. Sie wurden vom Wachpersonal in einem Turm auf der Innenseite, der die Mauer überragte, beobachtet.

Nun?, fragte Kranz.

Keine Idee, sagte Bella, außer, dass ich nicht glaube, dass der Anschlag den Insassen des Gefängnisses irgendetwas nützen würde.

Die armen Menschen, sagte eine Stimme hinter ihr.

Bella sah sich um.

Da stand eine ältere Frau in einem dunklen Kleid und mit einer weißen Strickjacke. Sie hielt einen Korb in der Hand. Aus dem Korb kam der Geruch nach Fisch.

Die armen Menschen, wiederholte die Frau. Immer trifft es die Falschen.

Wen hätte es denn treffen sollen, Ihrer Meinung nach?, fragte Bella.

Am besten gleich ein paar von denen da drüben.

Sie zeigte auf die Mauern des Gefängnisses. Ihr Gesicht sah nicht besonders freundlich dabei aus.

Jetzt sitzen die schon hinter Gittern, und trotzdem geben sie keine Ruhe. Bekämpfen sich, indem sie sich gegenseitig ihre Häuser in die Luft jagen. Sollte mich nicht wundern, wenn in ein paar Wochen das nächste Hotel in die Luft fliegt. Ich würde in deren Buden nicht mehr arbeiten. Aber die armen Leute sind ja froh, wenn sie eine Arbeit gefunden haben. Obwohl, der Portier, ich hab' immer gedacht, das ist einer von denen …

Wem hat denn das Hotel gehört?, fragte Bella.

Na, einem von denen da, oder dessen Stellvertreter. Was weiß ich. Wieso wissen Sie das nicht? Das weiß doch hier jeder. Sie sind nicht von hier, stimmt's?

Aus Deutschland, sagte Bella. Wir machen hier Urlaub.

Aus Deutschland. Die Frau strahlte.

Kranz zog Bella am Ärmel und zeigte auf die andere Straßenseite. Ein Auto der Carabinieri rollte langsam heran. Bella und Kranz setzten sich in Bewegung.

Aus Deutschland, rief die Frau ihnen nach. Sie haben es gut. Bei Ihnen gibt es solche Leute nicht.

Das Archäologische Museum – Kranz hatte auf dem Besuch dort bestanden, obwohl Bella lieber in einem Café in der Nähe gesessen und den Leuten zugesehen hätte, die den Markt besuchten, Fische und Obst und Gemüse kauften und dabei so laut redeten, dass man ihnen wunderbar zuhören konnte – also: Der Eingang zum Archäologischen Museum war nicht leicht zu finden. Staunend und abgestoßen zugleich standen sie zuerst vor dem Gebäude der Hauptpost, einem Bau, offenbar aus Mussolinis Zeiten, so überdimensioniert und hässlich. Das Museum lag auf der Rückseite dieses Monstrums und entschädigte sie schon beim Eintritt mit einem alten, schön gestalteten Innenhof. Sie wanderten durch Säle und Flure mit unzähligen Fundstücken aus der Geschichte Siziliens: griechische, phönizische, römische, arabische Monumente, Plastiken, Terrakotten, Scherben, Reliefs, Säulen, Kapitelle. Kranz bemühte sich nach Kräften, seine Kenntnisse der Antike anzubringen und Bella zu begeistern. Sie hörte kaum zu, war nicht bei der Sache. Nicht einmal Herakles, mit einem Hirsch ringend, konnte sie zum Lachen bringen.

Gut, sagte Kranz schließlich. Ich geb's auf. Nur das hier noch. Komm, das solltest du dir ansehen. Ein sehr schönes Relief. Kennst du die Geschichte von Phädra?

Ich glaube nicht, sagte Bella.

Sie blieb immerhin stehen und sah auf eine schöne, in weich fallende Gewänder gehüllte Frau, in einem Sessel sitzend. Vor ihr stand ein nackter, nur mit einem Umhang bekleideter Jüngling. Er trug im linken Arm einen gewaltigen Speer. Den rechten Arm hob er, um die Frau auf dem Thron zu grüßen. Die Frau wendete den Kopf ab.

Abschied des Hippolytos von Phädra, sagte Kranz.

Was ist mit ihr? Weshalb sieht sie ihn nicht an?

Bella hatte eher aus Höflichkeit gefragt. Sie hatte wohl bemerkt, mit welchem Engagement Kranz versuchte, sie abzulenken. Beinahe tat es ihr leid, dass sie ihm und seinen Erklärungen so wenig Aufmerksamkeit geschenkt hatte.

Ich erzähl' dir die Geschichte der beiden. Dann kannst du

dir selbst überlegen, weshalb sie mit dem schönen Jungen ein Problem hat.

Kranz zog Bella auf eine steinerne Bank, ein paar Meter entfernt. Sie sah auf das Relief, während er seine Geschichte erzählte.

Also: Phädra, die Schöne auf dem Thron, wird von brennender Liebe zu ihrem Stiefsohn Hippolytos ergriffen. Sie verlangt so sehr nach ihm, dass sie eines Tages, oder Nachts, versucht, Hippolytos zu verführen. Der junge Hippolytos kennt als begeisterter Jäger nur den Dienst an der jungfräulichen Göttin Artemis und will von Aphrodite nichts wissen … du erinnerst dich: Aphrodite, die Göttin der geschlechtlichen Liebe … So jedenfalls sagt es die vornehme Überlieferung. Ich würde sagen, der Junge war ganz einfach schwul und wollte deshalb von Phädra nichts wissen. Wie auch immer: Er weist ihre Annäherung entrüstet zurück. Aus Furcht davor, dass ihr Verhalten auffliegen könnte, verleumdet Phädra ihren Stiefsohn bei seinem Vater, indem sie sagt, er habe ihr nachgestellt. Der Vater heißt übrigens Theseus. Dieser Theseus glaubt seiner Frau und bittet die Götter, in diesem Fall seinen eigenen Vater Poseidon, den Frevler zu vernichten. Und das tut der dann auch. Als Hippolytos, nichts Böses ahnend, mit seinem Wagen einen Strand entlangfährt, lässt Poseidon aus dem Meer einen Stier auftauchen. Die Pferde scheuen, Hippolytos stürzt und wird zu Tode geschleift. Als Phädra davon erfährt, bringt sie sich um … Das ist natürlich eine Geschichte, die, wie du mir gleich sagen wirst, schon deshalb frauenfeindlich ist, weil die ältere Frau zurückgewiesen …

Bitte, sei mal einen Augenblick still, sagte Bella. Ich muss nachdenken. Ich glaube, ich habe eben verstanden, weshalb Annabella …

Bella, du hast nicht zugehört. Ich finde …

Natürlich hab' ich zugehört. Und ich bin dir sehr dankbar

für diese Geschichte. So muss es gewesen sein. Was hast du gesagt, wie endet das Ganze? Sie bringt sich um?

Ja. Damals waren die Frauen eben noch nicht so selbstbewusst wie heute. Sie waren abhängiger und …

Kranz, bitte. Verstehst du nicht? Sie bringt sich um. Annabella. Sie wird sich umbringen. Sie war am Telefon vollkommen durcheinander. Mein Gott, und das wegen dieses Jüngelchens Gianluca. Wir müssen zurück. Ich muss mit ihr reden.

Du erinnerst dich vielleicht? Unser Flugzeug geht heute Abend.

Ja. Verdammt. Ich weiß.

Bella. Bist du nicht doch ein bisschen voreilig damit, die Phädra-Geschichte mit Annabellas zu vergleichen? Denk an Mario. Welche Götter könnte er zu Hilfe rufen?

Die Götter, mein Lieber, sind heute zu Spießgesellen des Paten mutiert.

Und diese Spießgesellen sind so gut ausgerüstet, dass sie Hotels in die Luft fliegen lassen und harmlose junge Männer nachts auf der Straße umbringen?

Ich glaube nicht, dass dieser Gianluca so harmlos war, wie du denkst. Ich glaube, er hat sehr gut bei den Geschäften seines Vaters mitgemacht. Weshalb sonst hätte Mario ihn in den letzten Jahren enger an sich binden wollen? Er braucht einen Nachfolger. Und der Junge war geradezu ideal geeignet. Kannte die Verhältnisse in Palermo … trug seinen Namen … war schon deshalb in gewissen Kreisen eine Persönlichkeit … ließ sich schon wegen seines guten Aussehens hervorragend in die Gesellschaft integrieren …

Und dann verliebt sich diese unglückselige Annabella in ihn, wird zurückgewiesen und beginnt einen Rachefeldzug?

Genau so ist es gewesen.

Bis dahin, dass sie sich am Ende umbringt?

Ich weiß es nicht. Aber ich hab' so ein Gefühl, als müsste ich mich beeilen, um etwas Furchtbares zu verhindern.
Und ich hab' das Gefühl, du steigerst dich in etwas hinein, das in Wirklichkeit gar nicht existiert.
Ja, sagte Bella, wie das so meine Art ist.

Sterben

Annabellas lebloser Körper lag hinter der Bar. Luigi, der am Morgen ins Restaurant gekommen war, hatte ihn gefunden. Weil er glaubte, dass Annabella noch lebte, obwohl sich um sie herum Blut auf dem Boden ausgebreitet hatte, rief er einen Notarztwagen. Gleichzeitig mit dem Notarzt erschien schon die Polizei im Restaurant. Und Mario, von dem ungewöhnlichen Lärm geweckt, tauchte im Morgenmantel auf.

Er bestand darauf, Annabella ins Krankenhaus zu begleiten. Unterwegs musste der Arzt ihm sagen, dass Annabella tot sei. Mario brach zusammen. Der Notarzt versorgte ihn, während er die Augen nicht von Annabella ließ. Der mitfahrende Polizist, aber auch die Krankenpfleger und sogar der Arzt waren über die Trauer des Ehemanns erschüttert.

Den Revolver, den Annabella benutzt hatte, um sich zu erschießen, fand die Polizei auf dem Boden hinter der Bar. In dem Durcheinander von Notarzt, Polizei und dem verzweifelten Mario hatte niemand auf die Waffe in ihrer Hand geachtet. In der Pathologie wurde später festgestellt, dass Annabellas rechte Hand Schmauchspuren aufwies. Es war eindeutig, dass die Frau sich erschossen hatte, so eindeutig, dass es des Abschiedsbriefes gar nicht mehr bedurft hätte. Aber es war natürlich gut, dass er da war. So konnte man von weiteren Untersuchungen absehen. Die Waffe gehörte Mario. Selbstverständlich hatte er einen Waffenschein. Und selbstverständlich gab es zwischen den Eheleuten weder Geheimnisse noch verschlossene Schubladen. Für Annabella war es leicht, ihren Entschluss in die Tat umzusetzen. Das Restaurant *Da Capo* blieb bis zu Annabellas Beerdigung geschlossen.

Die Beerdigung fand an einem Freitagmorgen auf dem Ohlsdorfer Friedhof statt. Bella ging hin, hielt sich aber am Rand der Trauergäste auf. So hatte sie einen guten Überblick über die Freunde von Mario und Annabella. Außer den Angestellten waren beinahe ausschließlich Gäste des Restaurants gekommen – teure Kleider, Bussi-Gehabe, Schickimicki-Szene. Marios prominente Gäste aus Politik und Verwaltung der Stadt hielten sich fern.

Mindestens zwanzig Fotografen umstanden den Eingang der Kapelle 10. Die Trauergäste sonnten sich im Licht der Kamerablitze. Nur Mario mied die Journalisten. Und niemand wagte, ihn anzusprechen.

So sehr eingehüllt in seine Trauer, dass er gar nichts anderes mehr wahrnimmt, dachte Bella.

Aber sie hatte sich getäuscht. Mario sah sie und winkte ihr zu; eigentlich hob er nur langsam den linken Arm und machte eine müde Handbewegung, die sie als Aufforderung verstand, zu ihm zu gehen.

Gut, dass Sie gekommen sind, sagte er.

Seine Stimme war leise und hörte sich unendlich traurig an. Bella sah erst jetzt, dass Luigi hinter Mario stand.

Ich weiß, dass sie Sie gemocht hat. Sonst hätte sie doch nicht … Seine Stimme brach, er sprach nicht weiter. Seine Augen füllten sich mit Tränen.

Paola, dachte Bella, wo ist Paola? Müsste sie nicht eigentlich dabei sein, wenn ihre Tante beerdigt wird?

Es tut mir so leid für Sie, Mario, sagte sie laut. Sie haben viele Freunde, die Ihnen helfen werden, die schwere Zeit durchzustehen. Und Ihre Nichte Paola wird sicher …

Der Blick, mit dem Mario sie ansah, war nicht mehr tränenverschleiert. Sie fühlte sich plötzlich von einem Doppelblick getroffen, denn auch Luigi starrte sie an, als habe er an ihrer statt ein Gespenst gesehen.

Paola ist abgereist, sagte er mit eisiger Stimme.

Bella sah Mario fragend an.

Jawohl, sagte Mario, sie ist abgereist. Ich hatte sie gebeten zu kommen, um mit Annabella zu reden. Von Frau zu Frau, dachte ich. Vielleicht hilft es dabei, ihre Depression zu durchbrechen. So dachte ich. Sie haben auch geredet. Aber dann … Seine Augen füllten sich wieder mit Tränen. Offensichtlich hatte er keine Probleme damit, auf Befehl wässrig zu gucken.

Wir glauben, dass Paola das Gespräch nicht richtig angefangen hat, sagte Luigi. Mario hat ihr das gleich vorgeworfen. Danach ist sie beleidigt abgereist. Wir hätten nicht gedacht, dass sich das Mädchen einmal als so undankbar erweisen würde. Schließlich hat die Chefin …

Lass das, Luigi, sagte Mario. Seine Stimme war schmerzerfüllt. Wir wollen nicht mehr darüber reden.

Bella hatte genug von dem Theater, das die beiden Männer vor ihr aufführten. Sie wusste, dass sich Annabella nach den polizeilichen Ermittlungen selbst getötet hatte. Daran bestand kein Zweifel. Sie hatte es gewusst, bevor sie davon gehört hatte. Die Phädra-Geschichte hatte sie auf die richtige Spur gebracht. Es tat ihr leid, dass sie zu spät gekommen war, um Annabella von ihrem Vorsatz abzubringen. Aber das Problem war nicht die Tote, es waren die Lebenden: Mario und Luigi und Paola. Sie konnte sich inzwischen ziemlich gut zusammenreimen, welche Art von Geschäften die drei verband und wie sie dabei vorgingen. Nur hatte sie auch nicht einen einzigen Beweis für ihre Vermutungen.

Sie stand da und starrte Mario an, bis er sich abwandte. Von Luigi gefolgt ging er auf die Trauergemeinde zu. Eine blonde, ältere Dame löste sich aus der Gruppe und kam ihm entgegen. Der Friseur hatte zur Herstellung ihrer strahlenden, leicht gelockten Mähne sicher sechs Stunden gebraucht. Sie streckte ihm ihre Hände entgegen.

Mario, Lieber, wir fühlen so sehr mit dir.

Bella hätte gern gewusst, wo bei der Dame das Eckchen war, in dem sie das Gefühl untergebracht hatte. Viel Platz war da nicht. Sie war einfach zu schlank und zu gründlich hergerichtet und dekoriert, um Gefühle glaubhaft machen zu können.

Vom Tod Paolas erfuhr Bella erst Wochen später. Nach langem Hin und Her, vielen Diskussionen mit Kranz und auch mit ihrem Freund Brunner, dem Ex-Kripomann, war sie schließlich doch zur Polizei gegangen. Kranz hatte ihr abgeraten, während Brunner meinte, man sollte keine Gelegenheit auslassen, um Leuten wie Mario das Handwerk zu legen.

Auch wenn es keine Beweise gibt? Auch wenn alles nur Verdacht ist?

Auch dann, war Brunners Antwort gewesen. Die Kripo wird der Sache in diesem Stadium nicht nachgehen. Aber es wird ein Protokoll deiner Aussage geben. Man wird einen Ordner anlegen. Ein »Vorgang« entsteht. Und wo Rauch ist, da ist auch Feuer. Nach und nach wird es weitere Aussagen geben, Anschuldigungen, Nachfragen, Zeugenaussagen, und auf diese Weise stehen da plötzlich mehrere Ordner, und ein gründlicher Staatsanwalt hat etwas, womit er sich beschäftigen kann.

Du gehörst zu der Sorte Menschen, die es kaum noch gibt, hatte Bella geantwortet. Trotz deiner Erfahrungen im Dienst hast du den Glauben an den Rechtsstaat nicht verloren.

Was heißt Glauben an den Rechtsstaat! Das ist ein Spiel, Bella, mehr nicht. Da spielen die Gerechten gegen die Ungerechten, und manchmal gibt es gar keine Gerechten. Dann spielen die Ungerechten gegeneinander. Ist doch spannend zuzusehen, wer gewinnt.

An die Ungerechten, die gegen die Ungerechten spielen, musste Bella denken, als der Hauptkommissar, mit dem sie über ihre Erfahrungen in Palermo und mit Mario sprach, ihr vom Tod Paolas erzählte.

Es gibt eine Akte *Da Capo*, sagte er. Wir sind dabei zu sammeln. Ich nehme Ihre Aussage auf. Ein Stein kommt zum anderen. Leider sind die Kollegen in Palermo nicht besonders willig, mit uns zusammenzuarbeiten. Aber auch dort gibt es ein paar gute Leute. Gerade hat uns jemand darüber informiert, dass Marios Nichte sich in Gefahr begeben hat und darin umgekommen ist; um es mal einfach auszudrücken.

Paola?

Sie kannten die junge Frau?

Allerdings, sagte Bella. Sie hat mir mal das Leben gerettet.

Tja, das wird sie nun nicht noch mal tun können. Sie saß in einem Taxi, als sie erschossen wurde. Leider hat es auch die Fahrerin erwischt. Uns sind die Zusammenhänge nicht klar; noch nicht. Nur, dass diese Paola in dem Geflecht zwischen Hamburg und Palermo eine Rolle gespielt hat, daran glauben wir. Sie ist ein bisschen zu oft hin und her gefahren. Und außerdem können wir uns nicht vorstellen, dass Mario ein solcher Menschenfreund ist, dass er eine kostspielige Ausbildung finanziert, ohne etwas dafür zu verlangen.

Bella ging nachdenklich zurück in den *Stadtgarten*. Im Salon saß die Dichterin und las. In Wirklichkeit hatte sie auf Bella gewartet. Sie legte das Buch beiseite.

Bitte, wenn Sie ein wenig Zeit haben: Würden Sie sich zu mir setzen?

Bella, von so viel Gesprächigkeit überrascht, nahm sich einen Stuhl und sah auf das Buch, das die Dichterin wieder in die Hand genommen hatte.

Ich möchte Ihnen etwas vorlesen, nur eine kleine Stelle. Warten Sie, ich hab's gleich: hier, Lampedusa beschreibt den Oktober auf Sizilien:

Der Regen war gekommen, der Regen war gegangen; und die Sonne hatte den Thron wieder bestiegen wie eine unumschränkte Herrscherin, die nun, nachdem sie eine Woche lang von den Barrikaden der Untertanen verjagt worden war, zornglühend, aber von der Verfassung gezügelt, wieder regiert. Die Hitze wärmte, ohne zu sengen, das Licht war tyrannisch, ließ jedoch die Farben überleben, und aus der Erde keimten wieder Klee und vorsichtige Büschel von Minthe, auf den misstrauischen Gesichtern Hoffnung.

Sie waren doch dort. Eine beeindruckende Beschreibung. Haben Sie Ähnliches erlebt und gesehen?

Nein, sagte Bella nachdenklich. Ich glaube, ich muss meine Einstellung zu Lampedusa noch einmal überprüfen. Eine sehr beeindruckende Beschreibung. Wahrscheinlich fahre ich irgendwann noch einmal dorthin. Ein wenig Sehnsucht habe ich jetzt schon.

Die Zitate sind folgenden Büchern entnommen:

Giuseppe Tomasi di Lampedusa: *Der Leopard*, Reinbek 1977 / *Der Gattopardo*, München 2004

Eric J. Hobsbawm: *Sozialrebellen*, Neuwied und Berlin 1971

Singe, wem Gesang gegeben. O. J.

Herbert Hunger: *Lexikon der Griechischen und Römischen Mythologie*, Wien 1955

Alice Vollenweider: *Italiens Provinzen und ihre Küchen*, Berlin 1990

Leonardo Sciascia: *Man schläft bei offenen Türen*, München 1991

Bertolt Brecht: *Die Gedichte*, Frankfurt 1981